大数据视角下的跨境电商

营销实战：从亚马逊运营到谷歌SEM

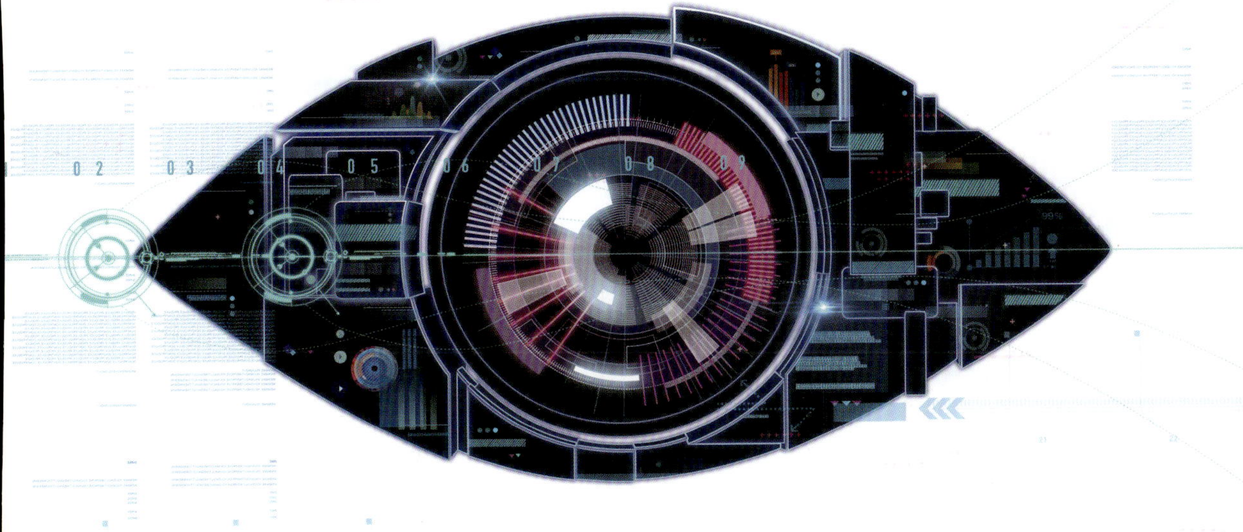

邱如英◎主编

首家跨境电商营销服务上市公司——英虎网络创始人、现任总裁
国内最早从事跨境电商的外贸人之一

南方日报出版社
NANFANG DAILY PRESS
中国·广州

图书在版编目（CIP）数据

大数据视角下的跨境电商 / 邱如英主编. -- 广州 : 南方日报出版社，2018.3
ISBN 978-7-5491-1801-4

Ⅰ. ①大… Ⅱ. ①邱… Ⅲ. ①电子商务一商业经营 Ⅳ. ①F713.365.2

中国版本图书馆CIP数据核字（2018）第044862号

DASHUJU SHIJIAO XIA DE KUAJING DIANSHANG
大数据视角下的跨境电商

编　　者：邱如英
出版发行：南方日报出版社
地　　址：广州市广州大道中289号
出 版 人：周洪威
出版统筹：周山丹
责任编辑：李佳航
装帧设计：邱奕添　劳华义
责任技编：王　兰
责任校对：阮昌汉
经　　销：全国新华书店
印　　刷：广东信源彩色印务有限公司
开　　本：787mm×1092mm　1/16
印　　张：14.75
字　　数：180千字
版　　次：2018年3月第1版
印　　次：2018年3月第1次印刷
定　　价：58.00元

投稿热线：（020）87373998-8503　读者热线：（020）87373998-8502
网址：http://www.nanfangdaily.com.cn/press　http://www.southcn.com/ebook
发现印装质量问题，影响阅读，请与承印厂联系调换。

序

致跨境电商人：学习本身就是一条捷径

（一）

从毕业到现在二十年，我几乎没有离开过外贸圈。2000 年，我机缘巧合进入了跨境电商行业，有幸成为国内最早的一批跨境电商人中的一员，到后来，自己也做了一家跨境电商营销服务公司——英虎网络。因此，每天都有机会跟出口网商打交道，这么多年来，我目睹了跨境电商各种模式的兴衰变化，感触良多。其中，不乏早期成功的跨境商家，因跟不上变化，对电商的理解和把握从优势变劣势，从领先者变成被淘汰者。

DT 时代来了，大数据正深刻改变着互联网，尤其是电商。对每一位跨境电商人来说，对大数据缺乏学习和理解，就如同蒙住双眼赶路，跑得越快往往越偏离目标，在下一秒会狠狠摔一跤。

为了逼自己及公司团队不断学习，保持对跨境电商前沿变化的敏锐嗅觉，适应 DT 时代企业的生存发展要求，我们始终坚持严格要求自己。比如，我们对公司属下的英虎学院做了一个硬性规定："亚马逊运营培训"课程每隔十五天，"谷歌 SEM 培训"课程每隔三十天，就必须增加一个最新亮点。这是一个硬性指标，迫使整个团队，不管资历有多深，都需要不断学习。

在 DT 时代，学习本身还多了一层含义，那就是很多学习过程是基于技术手段的。比如，我们是谷歌大中华区的合作伙伴，能够享用谷歌的大数据。

而面对这个数据宝库，如何科学分析，如何有效利用？我们的理解是：通过技术手段去学习。所以，技术团队开发了几个跨境电商的业务系统去对接谷歌大数据，让技术系统去学习、获取。

正是基于技术系统以及谷歌大数据，我们才能定期送“潜在爆款的选品”给“亚马逊代运营”客户，才能定期送“潜伏着的蓝海市场”给“海外营销”客户……这在以往是不可思议的。因为这意味着：利用大数据去挖掘蓝海商机成了可能。不是我们比别人更聪明，而是我们的团队一直在不断学习，我们的技术系统一直在不断学习。

DT 时代已经真切地到来！跨境电商人唯有以大数据视角去观察、学习、思考，才能夺得先机，立于不败之地。对于我们的客户，我们能够通过业务去服务好他们，但这毕竟数量和范围有限。我们希望更多的跨境商家，而不仅仅是我们的客户，都能通过学习去驾驭大数据，将跨境事业做得更好，于是有了这本书。同时，也因为我们同样是学习者，免不了有诸多短板和不足，希望能得到大家的指正。

本书主要由英虎网络的李庆丽、许玉侦、李兰兰负责整理和撰写，成书过程中付出贡献的，还有余祖慰、余丹玉、谢望程、蔡春华、钟沛健、洪智豪、梁熙哲、刘娟，在此表示感谢！

邱如英（广州英虎网络股份有限公司创始人，现任总裁）

2018 年 3 月 3 日写于广州

（二）

从事跨境电商服务行业，和卖家朋友打交道，关于跨境电商各类问题的探讨，大到选品、营销、物流、店铺运营技巧，小到汇率、提现手续费等，都至关重要。就像每天要吃饭一样，少一顿可能就会“饿得慌”。是的，不管是跨境电商服务提供商，还是跨境电商卖家，对跨境电商各方面的理论知识、实操技巧、运营方法等，不断充电、学习、更新知识库，是做好各自工作的必要积累。不能因为缺乏新知识、新理念贫瘠，而阻挡了我们前进的脚步。

这也是我们一起写这本书的目的，结合大家经常遇到的问题、想了解的新东西，把我们在跨境电商领域的所见、所想、所得、所感、所悟，系统、全面地整理于书本中。一方面，让大家能够对跨境电商的整个流程掌握得更透彻；另一方面，希望大家能够在DT时代的背景下，真正学会用大数据思维做跨境电商，提高效率，收到效果。

学习是一条能够不断进步的捷径，能够把一些过时的见解清理掉。希望这本书能够帮助大家摒弃一些陈旧的思想、看法、理念，重新出发。

李庆丽（英虎网络公司文案经理）

2018年2月2日写于广州

（三）

英虎学院第50期亚马逊课程结束后，3位从山东远道而来的学员意犹未尽，聊起了我们写书这件事。说心里话，之前没想过要把自己对跨境电商的拙劣见解整理、归纳，写于书本中。虽然在上个月的月度会议上，总裁邱如英女士点名说我是公司“元老级”员工，但我总认为自己还很年轻。公司做跨境电商营销服务13年，我有幸参与服务广交会、中兴、欧派、金龙客车等3200多家知名企业，自己收获良多、感触颇深。凭着“老资格”，我想把自己在跨境电商行业里的收获、感悟、经验来一次全面的整理，与邱总裁、其他两位朋友一起来一场思想的邂逅。这样挺好，能够及时整理、更新自己的知识库，并把我们认为受用的东西同步分享给大家。

几个人一起，会有看法不同的时候。比如，每个主题该怎么展开，展示的内容对大家有没有价值等，这些都是我们最经常在一起讨论的问题。有时候，我们也会征集我们客户、卖家和学员朋友们的意见，因为像他们一样的群体，才是这本书的主要目标对象。古人说“书山有路勤为径，学海无涯苦作舟”，在读书、学习的道路上，没有捷径可走。我们认为：学习本身就是让自己有所成就的一条捷径！

李兰兰（英虎网络公司营销总监）

2018年2月6日写于广州

（四）

近几年，正如大家所见，跨境电商很热门，出现了不少意见领袖，每天都有很多人尝试告诉你：这个新兴市场你不能忽视，这个运营方法你要学会，这个商机你必须要抢先，这个是雷区你要跨过。

可为什么，听过这么多道理，看过这么多经验，学过这么多方法，依然做不好跨境电商？

我们合力撰写这本书伊始，就决定这本书要杜绝吓人的理论，以及老套的经验之谈。可在这个极速迭代变化的数字贸易时代，应该从哪个角度下手呢？

我认为，不试图灌输意见就是最好的建议。大数据是时代的记录者和预言家，所以，我们选择从大数据的视角来剖析跨境电商的本质与趋势。作为跨境电商领域中的服务商和观察者，我们始终坚持透过大数据去接近真相。其实，在跨境电商砥砺前行的路上，考验你的往往不是你的见识和经验，而是你对大数据的分析研判能力。

每个时代都在悄悄犒赏认真学习的人，如果你懂得了这些，就只管学习，学习本身也是一条捷径。

许玉侦（英虎网络公司策划总监）

2018 年 2 月 3 日写于广州

前　言

说到出口，多数人对出口市场的印象是——出口对象是经济发达国家，如美国、日本、英国、德国、法国等。主营体重秤出口的陈先生，就是多数人当中的一个。

来自浙江温州的陈先生，经营着一家以出口体重秤为主的贸易公司。过去，陈先生一直将产品出口到欧美地区，如美国、英国、德国。不过，由于订单量在这两年间下降得厉害，现在陈先生感到压力不小。2017 年 8 月，为了在圣诞节、“黑色星期五”以及各国新年等节点进行冲刺，陈先生打算针对美国、英国、德国市场，投入广告做节前营销。他认为这两年订单量的下降，与他不舍得投入营销推广有很大的关系。

带着这样的想法，陈先生选择了国内一家专注于海外营销推广的公司，并打算按照之前的想法去做美国、英国、德国市场的推广。然而，陈先生原本拟定的推广计划却发生了改变。究竟是怎么一回事呢？来看一下他和该公司的海外营销专家 Ben 之间的对话：

陈先生：你好，咨询一下海外推广方面的事情。

Ben：陈先生，您好，很高兴为您服务。请问您打算推广什么产品呢？

陈先生：我打算推广我的主营产品体重秤，目标市场是美国、英国和德国。

Ben：目前 Q4 大促的准备工作正当时，您选在这个时候做营销推广，时间是合适的。但是您选择的这三个市场，我认为还需要再仔细研究一番。

陈先生：美、英、德这三块我做得比较久了，市场需求我是有自信的。

Ben：是的，陈先生，以您的经验判断，美、英、德是体重秤的需求大国，我们也做了市场大数据分析，事实确实如此。不过，数据结果也同样显示，美、英、德市场，竞争已经非常激烈，可以说是一片红海。相信您在这些市场深耕多年，也感受到了竞争程度的变化。

陈先生：是啊，我也感觉到竞争越来越激烈了，但是市场需求每年都在上升，所以我才愿意投钱做广告，和同行竞争，希望能够突破。

Ben：陈先生，根据大数据分析系统——赢搜 winsog. com 的结果判断，我不得不说句您不爱听的话，现在体重秤这个产品，在美、英、德市场继续投钱做广告，基本属于沉没成本了，效果不会很好。

陈先生：那么，你们的建议是？

Ben：从大数据分析结果看，我们建议您将产品推向印度、埃及市场，虽然这两个国家不像美国、英国、德国是体重秤的需求大国，但目前较少商家进入，竞争比较小，是蓝海市场。

陈先生：我打断一下，你们所说的市场大数据，可信度如何，又是如何判断的？

Ben：是这样的，陈先生，Winsog 数据来自于 Google、Bing、Yandex 搜索引擎大数据，权威、可信。主要通过大数据，分析市场容量、竞争程度，从而综合判断市场的商机大小，商机越大，越适合进入。

陈先生：既然如此，在决策前，我希望你们给我提供这份分析报告，我需要更进一步了解各市场的情况。

Ben：好的，陈先生，我们将把详细的分析报告发送到您邮箱，您注意查收，希望能够帮助您做出决策。

…………

两天后，陈先生再次找到 Ben，并给出了他最终的决定：进入印度、埃及市场。之后，陈先生也定期收到了营销推广效果的相关数据，以及营销推广策略的相应调整建议。经过营销推广，陈先生如愿实现了 Q4 业绩的新突破，过了个“新年”。

这看似是出口商的一个简单的营销推广经历，但背后却是大数据在出谋划策。大数据的出现，让一切商业活动都变得那么精准高效！

这仅仅是大数据运用的冰山一角，对跨境电商而言，运用大数据，不仅能够在竞争激烈的海外市场，挖掘真正属于自己的蓝海市场，还能够通过大数据更好地了解客户，实现精准营销，并提高客户的购买体验。这是大势所趋，跨境电商企业应该紧跟趋势，强化自身的大数据意识，才能在竞争激烈的海外市场中站稳脚跟。

本书共分为7个章节，从大数据的视角阐述跨境电商蓝海市场挖掘、精准营销的实现以及市场实战等。本书注重大数据在跨境电商整个贸易流程中的运用，希望能让大数据在实践中为跨境贸易带来新的突破。

目　录

CONTENTS

跨境电商

的困境与机遇

- 跨境电商的困境：互联网红海
- “一带一路”倡议下崛起的新兴市场机会
- 数据说：移动互联网蓬勃发展下的新机遇

1.1 跨境电商的困境：互联网红海

1.1.1 互联网创造红利 也在创造竞争

互联网以前所未有的方式颠覆了世界，重新定义了社交、购物、学习等概念。电商，作为互联网杀手级应用，则从根本上重构了产业格局和经济生态。未来已来，挑战和机遇并存。

2013—2018 年中国跨境电商交易规模及预测

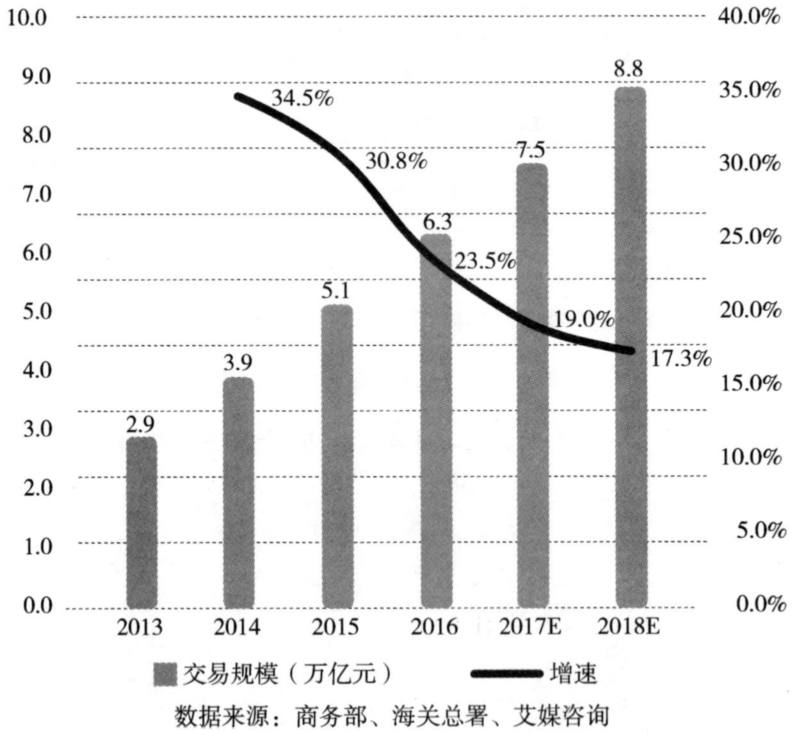

数据来源：商务部、海关总署、艾媒咨询

跨境电商正是在这样的机遇与挑战下蓬勃发展，艾媒咨询数据预测，2018 年，中国进出口跨境电商整体交易规模预计将达到 8. 8 万亿元。

据 2017 年 10 月 29 日举办的“‘一带一路’跨境电商（上海）行动计划”会议公布的数据，预计到 2020 年，全球跨境电商市场规模将达 1 万亿美元，全球跨境电商消费者总数将达 9 亿人，跨境电商已经成为国际贸易竞争的新制高点。

中投顾问对 2017年—2021 年中国出口电子商务交易额总额预测

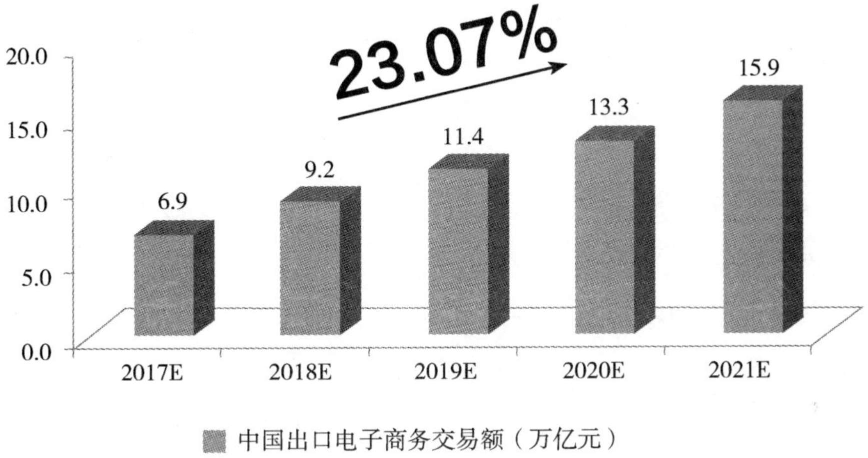

数据来源：中投顾问产业研究中心

出口跨境电商，是过去几年最热门的行业之一。中投顾问产业研究中心预测，到 2021 年我国出口电子商务交易额将达到 15. 9 万亿元，并且 2017 年至 2021 年的年平均复合增长率为 23. 07%。

行业快速发展，但身处其中的大部分公司，日子却并不好过。这是为何?

互联网的蓬勃发展，带来的不仅仅是人们生活的改变，更是整个社会商业模式的变革。跨境电商作为依托互联网发展的商业模式之一，近年来更是乘着“互联网”这艘便船，乘风破浪，蒸蒸日上。

互联网带来巨大商机，也带来竞争：包括跨境电商企业在内，争夺网上的每一个客户；不同的跨境电商平台之间，也在不断掀起价格战。大家蜂拥涌入这个巨大流量的海洋里，流量红利虽多，但商家数量增加更快。

目前，世界上已经有近10亿个网站，但是这还未到达顶点。这意味着，在整个互联网环境里，竞争越来越激烈。

对跨境电商企业来说，全球市场环境呈现出“三多”的特点：

多竞争：众所周知，大部分出口跨境电商，都是以进驻跨境电商平台的方式开店，卖家的聚集，品类的同质化，造就了多竞争的局面。

多平台：一个国家区域中，不仅只有像亚马逊、eBay、阿里巴巴等国际性的电商平台，还有市场本土的电商平台，平台之间争夺客户与商家的现象越发凸显。

多市场：从卖家的角度来看，市场很多，选择很多，然而却没有借助数据分析市场，在对市场了解不足的情况下，卖家未必能找到适合自己产品的市场；从买家的角度来看，同一个需求，来自不同市场的供应商很多，很难辨别商品、服务的好坏，增加了选择的难度。

互联网为企业提供了开拓全球市场的便利，但企业又因为对市场信息掌握不足，依赖经验和从众心理争先恐后切入某些“大市场”，加剧了竞争的激烈程度，致使以互联网为依托的市场日益呈现出红海市场的景象。

1.1.2 缺乏大数据视角的跨境电商困于市场红海

IT时代，互联网给卖家开拓全球市场提供了便利，然而，由于没有利用大数据匹配产品和市场，大部分商家聚集在欧美某些发达国家市场中，也就造成了这样的局面：大家一贯以来坚信的蓝海市场，随着竞争的加剧，早就演变成了红海市场。

中国电子商务研究中心数据显示，中国出口跨境电商主要面向美国、欧美、东盟、日本等发达国家（地区）市场。这些国家（地区）大部分经济发展水平较高，大部分出口商在这里高度聚集，竞争越来越激烈。

这些市场，经济相对发达，消费者的消费水平、理念相对较高，引领着全球消费升级的浪潮。但这部分市场也存在一些问题，一方面是商品同质化严重，竞争激烈，另一方面是消费需求不断提高，买家变得更“挑剔”，使市场呈现出供大于求与供不对求的矛盾。

供大于求的矛盾，主要表现为某一些被跨境电商卖家一贯坚信的“大”市场，商家大量聚集，产品同质化问题严重，商品琳琅满目，市场中产品过剩，供大于求。买家选择的机会越多，越是引发卖家对买家资源的争夺，价格战激烈，利润空间低。

供不对求的矛盾，主要表现为跨境电商卖家盲目选择所谓的像美国、德国、英国等消费水平、网购率相对较高的市场，而忽视了产品对市场本身的匹配性，导致产品滞销。

在互联网时代下催生的跨境电商红海市场，是目前大多数跨境电商企业面临的困境。很多企业都深感自己迈入了发展的瓶颈期，似乎一时间也找不到新的突破口。在这样的困境下，数据思维是能够有效帮助企业找到新发展机遇的强大武器。因此，如何避开红海市场，充分利用大数据挖掘那些网购群体迅速成长起来的新兴市场，以及如何对用户精准化利用，成了跨境电商新的机遇与挑战。

1.2 “一带一路”倡议下崛起的新兴市场机会

1.2.1 “一带一路”加宽了中国制造走向世界的道路

在国家的推动下，“一带一路”倡议正如火如荼地推行着。中国提出“一带一路”倡议，这不仅体现了中国智慧，致力于寻找让世界经济复苏、让全世界贫困人口真正脱贫的方法，更重要的是它旨在通过加强各国之间的国际合作，促进经济的发展，推动新一轮全球化。

“一带一路”推动了商业贸易模式的进一步发展，缩短了我国与沿线国家和地区的流通渠道距离，实现了跨国生产和消费的有效对接，使沿线各国分享开放合作带来的红利，促进“一带一路”国家和地区间的分工协作，扩大相互市场的开放。

2016 年我国出口“一带一路”沿线国家主要贸易对象规模及增速排名

排名	贸易规模	贸易增速排名
1	俄罗斯	不丹
2	以色列	吉尔吉斯斯坦
3	乌克兰	卡塔尔
4	波兰	阿曼
5	土耳其	菲律宾
6	捷克	巴基斯坦
7	沙特阿拉伯	孟加拉国
8	白俄罗斯	斯里兰卡
9	匈牙利	巴林群岛
10	斯洛伐克	塞尔维亚
11	哈萨克斯坦	越南
12	印度	俄罗斯
13	拉脱维亚	尼泊尔
14	立陶宛	约旦
15	保加利亚	黑山

数据来源：《2017 中国跨境电子商务发展报告》

“一带一路”对中国产品的国际竞争力和外贸发展具有显著的推动作用，凭借着“一带一路”普惠政策，中国制造走向沿线国家和地区，在物流、通关、贸易政策、仓储、税收等方面将更加便捷与快速，为中国制造走向西亚、南亚、中亚、欧洲、俄罗斯等市场铺宽了道路。

1.2.2 “一带一路”为出口跨境电商企业打开了新市场

“一带一路”促进了沿线国家和地区网络、交通、工业、电力等基础设施的完善与发展，带动了沿线国家和地区的经济提升。

中国商务部对外投资和经济合作司的数据显示，2017 年 1 月至 6 月，中国企业共对“一带一路”沿线的 47 个国家和地区进行非金融类直接投资 66.1 亿美元，占同期总额的 13.7%，主要流向新加坡、老挝、印尼、马来西亚、巴基斯坦、柬埔寨、俄罗斯等国家和地区。

“一带一路”倡议提出以来，中国已初步在贸易投资便利化、创新贸易方式和共商共建自贸区等促进贸易畅通的大方向上建立了政策性支持体系，构建了“一带一路”自由贸易区网络，促进制度和政策层面的互联互通，打造样板工程，发起建立“境外经贸合作区联盟”“21 世纪海上丝绸之路港口联盟”等多边贸易与投资合作平台。

随着沿线国家经济的提升、其他基础设施的完善，国民的消费水平将得到很大的提升。诸如东盟、俄罗斯、印度等新兴市场不断崛起，沿线国家和地区将成为中国出口跨境电商企业的新蓝海市场。

1.2.3 数据透视“一带一路”沿线国家蓝海市场景象

通过对“一带一路”沿线国家和地区进行相关数据分析发现，“一带一路”沿线国家和地区正呈现一片蓝海市场的景象。

在信息化水平方面，“一带一路”沿线国家和地区信息化水平较高及较高以上水平的国家有 29 个，主要分布在中东欧、西亚北非以及中亚、东南亚、东北亚。其中，中东欧国家整体的信息化水平较高，总体高于沿线 64 国的平均水平；东北亚地区中，俄罗斯的信息化程度处于较高的水平；中亚国家中，只有哈萨克斯坦处于较高水平，位列第 24 位，其他 4 国则相对比较落后；东南亚 11 国的信息化发展水平参差不齐，但差距最显著的是西亚北非 20 国，而南亚 7 国则普遍处于较低水平。因此，“一带一路”沿线国家和地区的信息化水平提升空间很大，这也是跨境电商发展的巨大空间。

在经济发展水平方面，据《“一带一路”沿线国家信息化水平评估报告》的统计显示，人均 GDP 超过 1 万美元的国家有 19 个，主要来自西亚和中东欧，分别是：卡塔尔、新加坡、阿拉伯联合酋长国、文莱、以色列、科威特、巴林、

2015 年—2018 年世界经济增长趋势

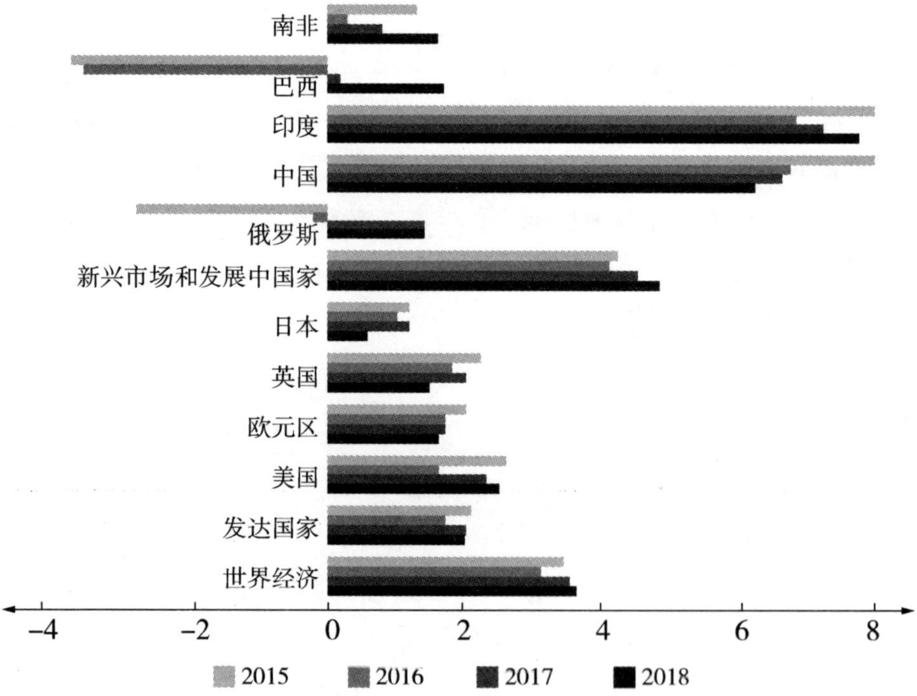

数据来源：IMF《世界经济展望》

斯洛文尼亚、沙特阿拉伯、爱沙尼亚、捷克、斯洛伐克、阿曼、立陶宛、拉脱维亚、波兰、匈牙利、克罗地亚和哈萨克斯坦。除了这 19 个国家外，“一带一路”沿线大多数国家总体经济发展水平不高，提升空间很大。随着经济水平的不断提升，随之而来的是国民的消费水平以及消费需求的提升，这是跨境电商企业可以挖掘的潜力市场。

从上面的统计数据发现，印度以及新兴市场和发展中国家，其经济增速超过欧美日等发达国家和地区，也快于世界经济的增速。而“一带一路”沿线国家正是包括印度在内的新兴市场和发展中国家，它们将成为出口跨境电商的新蓝海市场。

京东数据研究院发布的《2017“一带一路”跨境电商消费趋势报告》显示，我国与“一带一路”沿线国家和地区跨境电商贸易额大增。通过电商平台，我国商品已销往 54 个“一带一路”沿线国家和地区。从增速来看，2017 年 1 月至 4 月，我国电商平台跨境消费额同比增速最快的 13 个国家和地区中，有 7 个是“一带一路”沿线国家和地区，消费额同比平均增速超过 10 倍。可以说，“一带一路”沿线国家和地区是不折不扣的蓝海市场。

1.3 数据说：移动互联网蓬勃发展下的新机遇

1.3.1 世界正式迈入了移动互联网时代

如今，4G 移动通信网络已经在全球范围内普及，5G 网络时代也正在到来，相信在不久的将来 5G 也会在全世界普及并应用起来。世界正式迈入了移动互联网时代，随着智能手机的广泛普及，旅游、购物、新闻、学习、社交等相关服务，都可以随时随地高速地接入互联网。只要有流量的地方，就会有消费需求，就会有商业机会。对出口跨境电商而言，移动互联网的高速发展是一个新的机遇。

1. 全球移动用户数情况

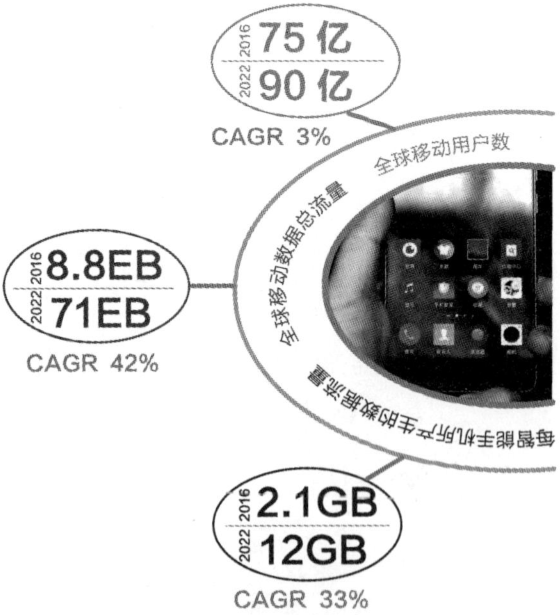

数据来源：《爱立信移动市场报告》

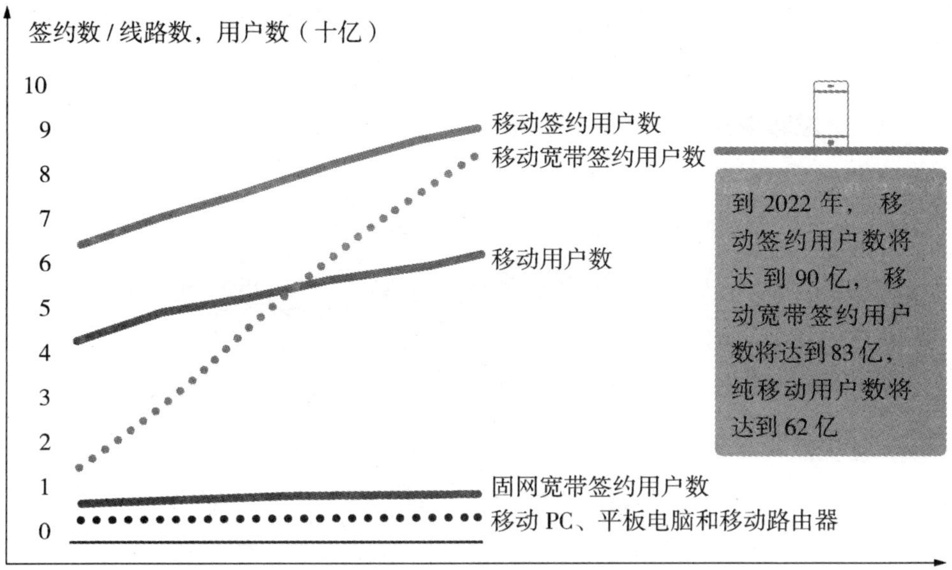

数据来源：《爱立信移动市场报告》

《爱立信移动市场报告》显示，全球移动用户数以大约 4% 的年增长率不断增加，2016 年全球移动用户数为 75 亿，预计到 2020 年，全球移动用户数达 90 亿。

2. 全球智能手机用户数情况

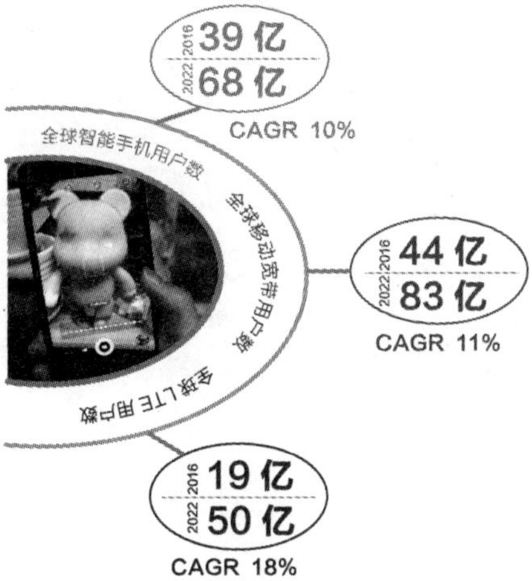

数据来源：《爱立信移动市场报告》

2016 年全球智能手机用户数已达到 44 亿，预计到 2022 年将达到 83 亿。

3. 全球移动用户数地区普及情况

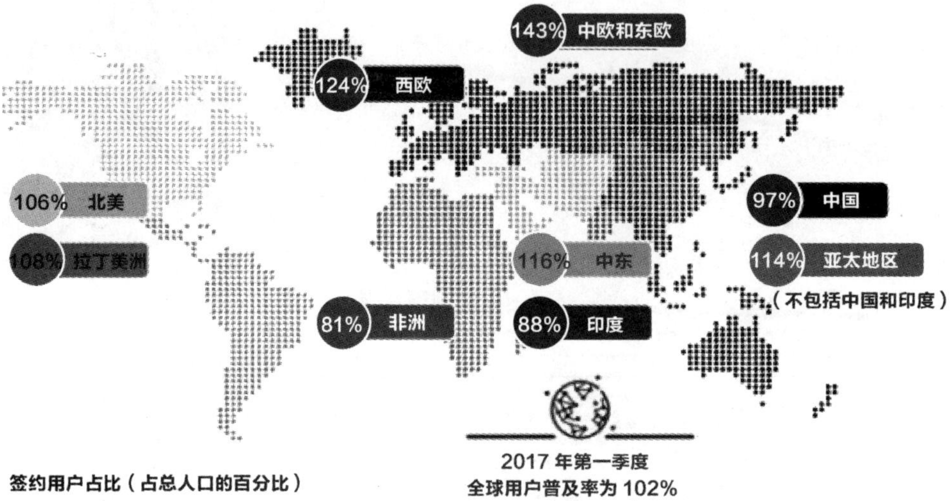

数据来源：《爱立信移动市场报告》

从地区上看，截至 2017 年第一季度，各地区的移动业务普及率均超过 80%，都处在相当高的水平。其中中欧和东欧、中东、西欧、亚太地区、北美、拉丁美洲的移动用户数超过了人口总数。

此外，GSMA（全球移动通信系统联盟）的统计报告显示，到 2020 年，全球大约 75% 的人口预计都将会通过移动设备上网。

无论是从移动用户数的增长情况，还是从地区的普及情况看，全球移动互联网都在快速发展，全球正式迈入移动互联网时代。而随着移动互联网用户的不断增多，以及信息网络越来越发达，移动消费将变得更加广泛，手机消费模式变得无处不在。

1.3.2　移动互联网市场正在高速增长

据统计，2016 年，全球移动互联网应用市场规模突破 1.3 万亿美元，且仍会继续保持两位数的增长速度。移动购物、移动支付、移动学习、移动打车、移动社交等等行为，成了我们生活中不可缺少的部分。

研究机构 Digi - Capital 发布报告预测：

2018 年，全球移动互联网市场的总收入将达到 8500 亿美元，较 2016 年的 3000 亿美元增长近两倍；

2018 年，移动广告支出将超过 850 亿美元，消费类 App 的收入将从 2014 年的 300 亿美元增至 750 亿美元；

2018 年，消费者在移动设备上的商品和服务支出将超过 6000 亿美元，而亚洲用户将贡献其中的近一半。

移动商务在移动互联网世界中地位突出，2016 年的移动商务销售额超过了 2000 亿美元。

虽然移动互联网问世才 8 年，但相比有着 20 年历史的 Web，前者却对整个市场带来了更快的发展和更深远的影响。

与以往的网络消费相比，移动消费模式已经摆脱了时空限制，消费者可以实时了解商品信息，随时对商品的性能、价格和服务等进行讨论、评论、分享。因此，移动消费模式的快速发展，将为出口跨境电商企业带来新的市场机遇。

1.3.3　移动端购物渐成主力

App Annie 数据显示，各国用户都发现并喜欢上了移动端购物带来的巨大便利，在全球范围内，平均每人每月花在移动购物 App 上的时间为 35 分钟。

对此，App Annie 还通过大数据分析预测，到 2021 年，全球的消费者花在移动购物 App 上的时间将是现在的 6 倍，达到每人每月 3.5 小时；而且到 2021 年，移动电商的收入预计将达到 6 万亿美元。

一个有趣的现象是：韩国人平均每月花在移动购物 App 上的时间最长，平均每月时长达 90 分钟，居全球首位，印度尼西亚第二，其次是印度、美国、英国、日本。

亚太地区为移动电商的主要增长区，App Annie 研究发现，在浏览电子产品、小配件、服装等方面，亚太地区消费者比西方消费者花费了更多的时间和精力。

移动互联网为跨境电商卖家提供了一个更便捷、更直接的方式，将商品信息传递给消费者。研究数据也表明：全球移动端跨境购物将越来越受欢迎，这也将给出口跨境电商带来巨大的商机。

大数据
重塑跨境电商新未来

- **大数据视角下的跨境电商新外贸**
- **从IT到DT时代　跨境电商实现新变革**
- **大数据视角下全球蓝海市场开拓**

2.1 大数据视角下的跨境电商新外贸

2.1.1 大数据是跨境电商新外贸的驱动力

过去的外贸电商模式，大都仅注重对信息的展示，缺乏对数据的收集、研究分析、利用。很多跨境电商企业，并没有因为互联网发展浪潮的高涨而获得更多的红利，反而是随着竞争的加剧，深陷互联网红海。这也是为什么很多跨境电商企业在哀叹：全球跨境电商市场规模在不断扩大，而外贸却越来越难做了。

大数据时代，大数据为决策提供重要的依据。大数据与生活、学习、工作、商业结合，发挥其重要价值。

大数据作为一种重要的战略资源，已经被越来越多的企业、政府，乃至军事部门所应用。如今，大数据也逐渐在跨境电商行业被运用起来，因为在信息社会与市场经济中，企业最重要的往往不是资本而是信息。对跨境电商企业而言，通过大数据能够了解市场动态、商机大小、消费者行为习惯、消费需求变化等重要信息。

而以大数据和跨境生态为底层基础的电商模式，将是实现传统外贸向新外贸转型升级的强大驱动力，为出口跨境电商企业带来真正的竞争力。

2.1.2 大数据为跨境电商发展带来新机遇

随着天猫、京东等国内电商平台加快对海外市场的开拓，以及阿里、亚马逊争夺东南亚、印度等新兴市场步伐的加快，网易考拉、蜜芽宝贝、顺丰海淘、聚美优品、小红书等进口跨境电商平台对“海淘”热潮的不断推动，“跨境电商”一词越来越成为热点。

而以大数据、云计算等技术为基础的跨境电子商务，不断冲击传统外贸电商。在大数据的背景下，跨境电商展现出其更透明的一面，不仅仅是更加直观透明地向买家展示跨境电商企业本身的各种信息，海外市场的各类信息也能更直接、透明地为国内卖家所获取。

这对跨境电商而言，是新机遇，也是新挑战。

机遇在于——在大数据支撑下，商家对具体的市场需求变化、消费群体等了然于胸，可以准确捕获商机，降低了创业成本与进入市场的难度；大数据的参与让信息高速流通，使得商家与客户之间的精准合作成为可能，商家可以准确地将自身的产品特色向真正的需求者展示，实现精准营销，收获更高的回报率；跨境交易平台可以依托大数据技术，实现外贸信息流、资金流、物流等的高效、科学整合，提高交易效率，降低交易成本。

挑战在于——从行业的角度来看，要求跨境电商经营者本身不仅要诚信经营，还须保证合作伙伴的合法权益与商业隐私；从企业的角度来看，跨境电商企业对大数据运用的技术和手段有待进一步提升和完善，擅长大数据收集、分析、运用的相关专业人才匮乏的难题也有待解决。

2.2 从IT到DT时代　跨境电商实现新变革

2.2.1 数据化思维挖掘客户的真实需求

IT（Information Technology）时代，以自我控制、自我管理为主；DT（Data Technology）时代，以服务大众、激发生产力为主。IT时代与DT时代两者之间的区别看起来是一种技术的差异，但实际上是思想观念层面的差异。从IT时代进入DT时代，未来的竞争将不再按照电力等能源对区域竞争进行划分，今后拼的是人才和创新价值的能力，拼的是你的数据能够给社会创造多少价值，用数据挣钱才是未来真正核心所在。

IT时代，企业普遍缺乏对大数据运用的意识，大都没有很好地把自身的优势与客户的个性化需求融合在一起。很多出口跨境电商企业虽然针对海外市场生产和出口产品，但是对海外市场的行情了解不深、不准、不及时，凭感觉、凭经验、被动生产和出口，主要表现在如下几个方面：

a. 对产品在具体市场的需求量、竞争程度不清楚，无法评估该市场的商机大小。

b. 对海外市场客户所要求的生产工艺、性能等条件不清楚，无法发掘自己产品的优势。

c. 对海外市场同类产品的价格不清楚，无法优化价格策略。

d. 对海外市场同类产品的生产销售相关数据不了解，无法判断自己产品的竞争力。

e. 对海外市场同类产品的需求变化情况不清楚，无法制定合理的营销策略。

f. 对目标市场客户的消费习惯不清楚，无法优化产品组合策略。

造成这些状况的原因是企业在IT时代，互联网仅仅是跨境电商企业获客的一种工具、一种渠道，而企业没有及时掌握市场相关信息动态，更没有对竞争对手和客户做到知己知彼，而吃了高投入、低回报的亏。

然而在 DT 时代，这一切都被重构。跨境电商企业通过市场大数据、客户消费行为数据等进行科学分析，整合市场各节点、各方面的信息，解开市场盲点，实时掌握市场动态，转化为价值情报，指导企业做出正确、主动的战略决策。

在利用数据化思维挖掘客户真实需求的应用方面，早在 2013 年，宝洁公司就通过对大数据的分析，发现宝洁天猫旗舰店的客户更倾向于购买高端产品。为此，宝洁针对网络渠道，推出了高端护肤产品，并且基于大数据分析，对产品线进行全面调整，从注重销量向注重利润的方向转变。这是宝洁公司能够在新的经济环境下，持续维持自己稳定的市场位置的重要法宝。

2.2.2　利用大数据成就客户　强大自己

IT 时代，企业利用互联网技术提高效率；而在 DT 时代，企业利用大数据技术让自己更好地服务客户，利用客户的力量来激活企业的创新力和竞争力，从而做到真正强大起来。

DT 时代是一个客户体验至上的时代，大数据让跨境电商企业迈入一个新外贸时代，利用大数据分析做指导，精准挖掘客户，并进行体验式的“一对一”精准营销，真正满足客户的个性化需求，提供真正有价值的服务和商品，帮助客户达成愿望，乃至成长。

因此，DT 时代，跨境电商企业拥有大数据思维，利用大数据战略来收集、存储、分析客户踪迹，对于及时开展个性化的客户交互至关重要。通过更深入地了解客户行为和偏好，商家可以帮助引导客户完成其购买过程，并提供便捷、无缝的体验，主动满足客户的期望。

举个例子，一家领先的专业时尚产品零售商，希望为客户提供差异化的服务，但如何定位公司的差异化？这家零售商通过从 Facebook、Twitter 收集社交信息，对化妆品的营销模式进行更深入的理解，根据分析结果最终只保留了两类客户：高消费者、高影响者。公司还提供免费的化妆服务，让客户进行口碑宣传，完美结合了交互数据与交易数据，让客户享受差异化服务的体验，为公司的业务发展提供了解决方案。

2.2.3 大数据技术简化贸易流程

一个英国小买家要从中国购买一些男士袜子，通过电商平台上的大数据匹配，找到了合适的卖家，但是比之前购买的便宜很多，这其中是不是有风险？然而，他看到了信保服务，可以通过赊销的方式购买，并且是4小时后到货，与以前需要几天时间相比，速度惊人。以前购买商品至少需要经过8个环节，然而，现在只须轻轻一点鼠标，简单快捷，极大简化了贸易流程，这是大数据在贸易流程中发挥效用的例子。

在DT时代，跨境电商行业借助大数据的手段，重构订单的贸易流程，重构外贸行业的工作方式，通过更加标准化的服务流程，在保证客户体验的同时，提升服务效益。通过整合通关、退税、物流、金融等全价值链，让信息传递在整个交易流程中更透明和顺畅，减少因信息传递受阻带来的繁琐处理工作，促进了多环节信息资源的优化配置，提高交易效益，帮助中国出口跨境电商企业更快走向世界。

目前，国际市场竞争越来越激烈，很多国家都开始对本国服务于跨境贸易领域的大数据服务商进行积极的扶持，间接帮助外贸企业对海外市场消费行为变化做科学分析与趋势预测，培育外贸竞争新优势，发挥大数据对外贸发展的“新引擎”作用，让外贸业务变得更快、更好、更简单。

2.3 大数据视角下全球蓝海市场开拓

2.3.1 大数据助力挖掘蓝海市场

尽管近年来反全球化的声音此起彼伏，但从客观上看，全球一体化进程依然在加速，“一带一路”政策普惠，跨境电商在如火如荼进行着。埃森哲研究报告显示，预计到 2020 年，全球网络零售交易额将超过 4 万亿美元，其中，跨境电商市场规模将达到 9940 亿美元。跨境电商市场规模在不断扩大，却有许多外贸老行家感慨：外贸生意不好做了。

为什么呢？我们先来看一个小故事：

老谢是标准的老外贸，做男士背包出口，做了二十多年外贸，是行家中的行家。近年，老谢的儿子又开始通过电商平台做跨境 B2B，这就是典型的中国外贸商家。

老谢二十多年来所做的事情就是，将背包生产出来，然后卖到欧美的美国、巴西、加拿大、英国、法国、意大利等地，年年如此。前些年，事业做得好的时候，旗下有三四家公司。近年，虽然儿子采用电商平台做 B2B，但还是挡不住整个生意下降的趋势，陷入互联网红海。

外贸生意难做了！这是老谢的感叹。

真的是外贸生意难做了吗？其实是老谢的外贸经验，已经从原先保证事业成功的核心优势，变成了事业发展的最大障碍。为什么这么说呢？老谢对市场的判断，单纯依靠所谓的多年外贸经验，而缺乏对市场大数据科学、实时的分析，透析市场的变化动态。

像老谢这样的跨境电商卖家还有很多，有人质疑，欧美本来就是外贸大市场。没错，但那只是过去，现在呢？市场时刻在变化，这些大市场已经聚集了大量的商家，竞争非常激烈，对商家来说已经是红海市场。

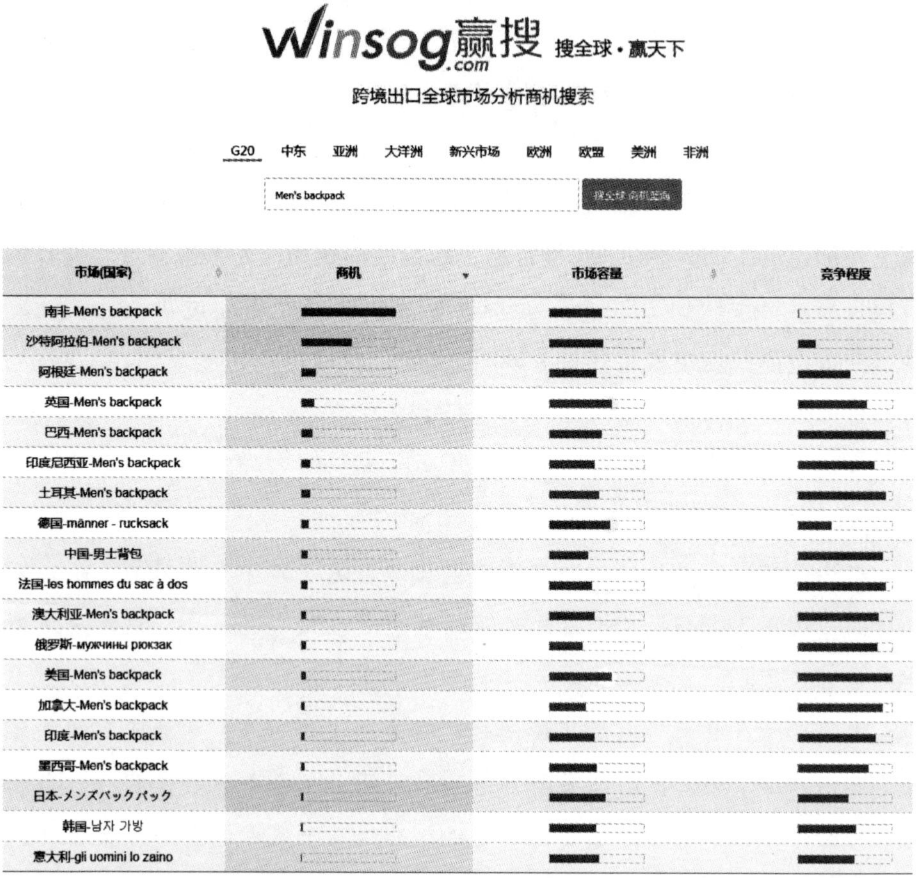

数据来源：赢搜 winsog. com

注释：登录赢搜网址 winsog. com，按提示注册成功

以男士背包（Men’s backpack）为关键词，在搜索框内输入关键词“Men’s backpack”；

商机：按顺序列出了您所选择的出口国家/地区的市场购买力、现实购买意愿值。此指标综合了市场容量及竞争程度两个指标。

市场容量：这是关键词完全匹配在为期 12 个月的时间内，针对您选定的国家/地区估算的平均需求量。

竞争程度：各个国家/地区商家之间竞争的激烈程度。

极赛 JiSale 大数据分析系统——赢搜 winsog. com 对男士背包在海外市场的情况分析显示，其实出口男士背包生意最好做的国家是南非、沙特阿拉伯等。可能很多箱包行业的老外贸会认为：这怎么可能？但经验里的市场，并不一直是蓝海市场，市场时刻在改变。在市场已经改变的时候，经验不一定可靠了，反而会造成误导。

其实不仅仅是箱包行业，其他行业同样如此。市场是动态的，必须利用实时的市场大数据进行科学有效的分析。针对具体产品，分析各个细分市场对该产品的容量大小、竞争程度，综合分析、对比、判断商机大小，为产品筛选蓝海市场。

2.3.2 大数据为什么能使营销精准化

1. 精准营销的实现：

利用大数据分析目标消费群体；

深入挖掘消费者的有关行为、兴趣和偏好；

在正确的时间，以正确的方式向消费者推送正确的信息；

不断收集、分析消费者的消费行为信息；

根据数据分析结果不断调整营销策略，提高营销精准性。

精准营销其实就是在解决商家对消费者认知的痛点，以及消费者对商家的期望问题。

2. 商家对消费者认知的痛点：

哪些人是我产品准确的目标受众？

我的客户会在什么时间，什么地方，用什么方式获取商品信息？

我的客户消费偏好随着季节的变化会发生什么样的变化？

我的客户是通过什么样的方式认识我的品牌?

3. 消费者对商家的期望:

我希望产品信息在什么时间,什么地方,以什么方式出现;

我期望看到什么样的产品信息;

我期望商家如何与我进行互动;

我期望商家提供什么样的服务;

我期望商家什么时候做促销活动。

精准营销的实现,前提是必须要对消费者充分认识,只有了解消费者的期望,才能采取正确的营销策略。而利用大数据分析实现精准营销的例子在业界并不少见。

搜索引擎巨头谷歌,为了推荐更符合用户的心意,对搜索页面进行了动态调整;国际性跨境电商巨头之一亚马逊,通过给消费者提供个性化的推荐,实现了销售量的大幅度增加;社交网络服务网站 Facebook 提供精准投放广告服务,有效地把流量和粉丝变现;国内新闻媒体今日头条,基于大数据挖掘,为用户推荐有价值、个性化的信息,把“你关心的,才是头条”的宣言兑现。

上面这些关于精准营销的事例,成了业界的楷模,是利用大数据实现精准营销的经典。其实,不止这些经典的案例,国内一些行业巨头对大数据的挖掘从未停止过,无论阿里、腾讯,还是海尔、小米等,尽管身处不同的行业,但在他们身上有一个共同的特点:利用互联网和大数据思维更有效地为客户提供符合需求的产品或服务。

移动互联网时代,由于消费模式受时空的限制减弱,消费者的行为特征和兴趣爱好更凸显、更个性化。运用大数据思维进行营销不仅使商家与消费者之间的沟通更高效,更好地实现流量变现,实现营销精准化,而且还能在营销过程中,根据数据分析的结果,进行营销决策的调整,保持营销精准化的长期性、持续性。此外,还可以透过数据分析,为企业发现新的机遇,比如新市场、新客户、新行业规律,为企业规避风险与潜在威胁。

2.3.3　大数据视角下的跨境电商经验分享

过去，似乎我们只要用互联网来武装思维和行动，就容易在竞争中胜出。然而，如今在大数据时代，这样的视角不再适用了，因为一切都变得太快了。科技变化、市场变化、消费喜好变化、潮流变化等等，稍微一个不注意，可能就无法找到企业的方向了。

一切市场现象、行为的变化最终都以数据的形式被记录下来，我们唯有根据这些实时变化的数据，去挖掘其背后的价值信息，然后去调整正在进行的商业活动，做出迅速响应，接着进入下一轮的总结、分析、预测、调整，一直按照这样的方法走下去，才能走得更远。

在大数据视角下思考、行动，是跨境电商企业必须要走的一条道路。无论是选品、定价，还是挖掘蓝海市场、了解消费者、指导营销推广，大数据视角都是跨境电商企业的必备技能。

为了能够一直和大家多交流，分享心得体会，特意开设了微信公众号“邱如英知世界（微信号：qry8188）”，延续本书的“大数据视角下的跨境电商”理念，和大家分享更多的跨境电商心得。

邱如英知世界

微信公众号：qry8188

跨境电商

四种主流模式及代表

- 第三方跨境电商B2B平台
- 第三方跨境电商B2C、C2C平台
- 独立跨境电商B2B平台
- 独立跨境电商B2C平台
- 跨境电商的大数据化之路

3.1 第三方跨境电商 B2B 平台

3.1.1 第三方跨境电商 B2B 平台的运作模式

B2B（Business to Business）是企业与企业之间通过互联网进行数据信息的交换、传递，开展交易活动的商业模式。将企业的产品及服务，通过 B2B 网站、平台、移动端 App 等与客户紧密结合起来，通过网络实现快速响应，为客户提供更好的服务，从而促进企业间业务的发展。这个商业模式，其实来源于美国，经阿里巴巴引进中国，并根据中国的企业情况进行了改进。

1. 运作模式

第三方跨境电商 B2B 平台，就是为交易活动中跨境电商 B2B 买卖双方企业提供信息发布、贸易磋商服务的机会和平台。

第三方跨境电商 B2B 平台模式，将跨境电商交易过程中所涉及的销售、物流、金融、通关、外汇、售后等服务集中在平台上，跨境电商 B2B 企业可凭借平台在全球各地的营销网络系统，以及海外仓开展跨境交易业务。全流程的第三方跨境 B2B 平台，可以为跨境电商 B2B 企业提供一条龙的外贸服务，如物流运输、海外营销推广、出口代理、售后等服务，解决跨境电商企业出口难题。

2. 优势

第三方跨境电商 B2B 平台实现了各方资源的优化整合，为跨境电商 B2B 企业降低了进入海外市场的门槛，为跨境电商 B2B 企业聚集了全球各地的买家流量，减少企业的流量获取成本。

物流方面，为跨境电商 B2B 企业提供完善的物流服务体系支撑，很好地提升了跨境电商 B2B 企业客户的物流体验。

支付方面，为跨境电商 B2B 买卖双方企业提供第三方结算支持，增加双方交易的可信度。

跨境电商 B2B 企业可以依靠第三方平台的功能、服务等优势，提升客户体验。

3. 缺点

容易受平台规则变化的限制，卖家处于比较被动的地位，也很难实现销售模式的创新。

随着平台上卖家数量的不断增加，平台内部同行卖家间的竞争程度不断加剧，容易引发价格战，卖家不得不降低价格，毛利也被迫压低。毛利的降低，使卖家很难对产品质量进行改善，质量越低，竞争力越低，价格就越低，可能形成恶性循环。

比价的竞争，使卖家更倾向提供成本更低的产品，而无动力进行创新。价格透明，价格战激烈，导致无休止的比价，卖家很难进行客户群的积累。

平台上卖家数量庞大，各自的运营技巧悬殊，加上竞争激烈，可能出现好产品卖不过差产品的现象，不利于品牌形象的塑造。

4. 第三方跨境电商 B2B 平台的典型代表

目前运行的第三方跨境电商 B2B 平台典型代表有：阿里巴巴、环球资源网、中国制造网、敦煌网。虽然都归属为第三方跨境电商 B2B 平台，但他们各自的定位却有很大的区别。

阿里巴巴的定位是全球领先的采购批发平台；

环球资源网的定位是多渠道 B2B 媒体公司，促进大中华区的对外贸易；

中国制造网的定位是中国产品信息荟萃的网上世界，将中国制造的产品介绍给全球采购商；

敦煌网的定位是聚集中国众多中小卖家的产品，为国外众多中小买家有效提供采购服务的全天候国际网上批发交易平台。

3.1.2 跨境电商 B2B 的发展趋势

一直以来，B2B 在跨境出口领域都是主流模式。跨境电商 B2B，连接着国内卖家以及全球的买家，交易量大，订单稳定，占据着跨境电商市场的主导位置。未来，又将会是什么样子？

2016 年我国跨境电商 B2B 增速情况

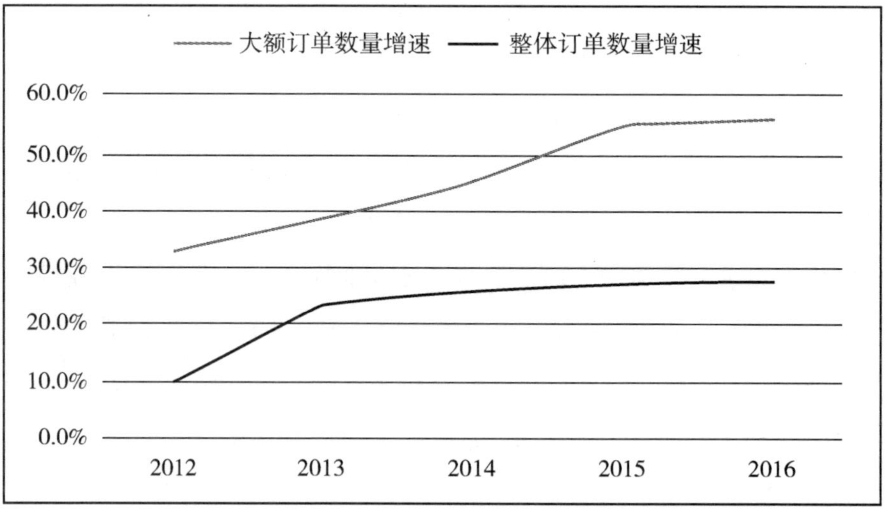

数据来源：敦煌网《2017 中国跨境电子商务（出口 B2B）发展报告》

1. 跨境电商 B2B 模式是大势所趋，仍然是主力军

报告显示，跨境电商 B2B 正向纵深发展，大额订单增速远远高于整体订单增速，这表明原来一些传统的线下非电商渠道的大订单，也开始进入电子商务领域。

福布斯报告预测，到 2020 年，跨境电商 B2B 市场的价值将高达 6.7 万亿美元，是价值 3.2 万亿美元的跨境电商 B2C 市场的两倍多。

从中国跨境电商交易规模 B2B 与 B2C 的结构对比可以发现，从 2010 年到 2016 年，虽然中国跨境电商 B2B 的交易占比呈现下降走势，但整体上却占据着中国跨境电商交易规模 85% 以上的比例。从这个趋势来看，未来跨境电商 B2B 商业交易仍然处于绝对的优势。

2010—2016 年中国跨境电商交易规模 B2B 与 B2C 结构

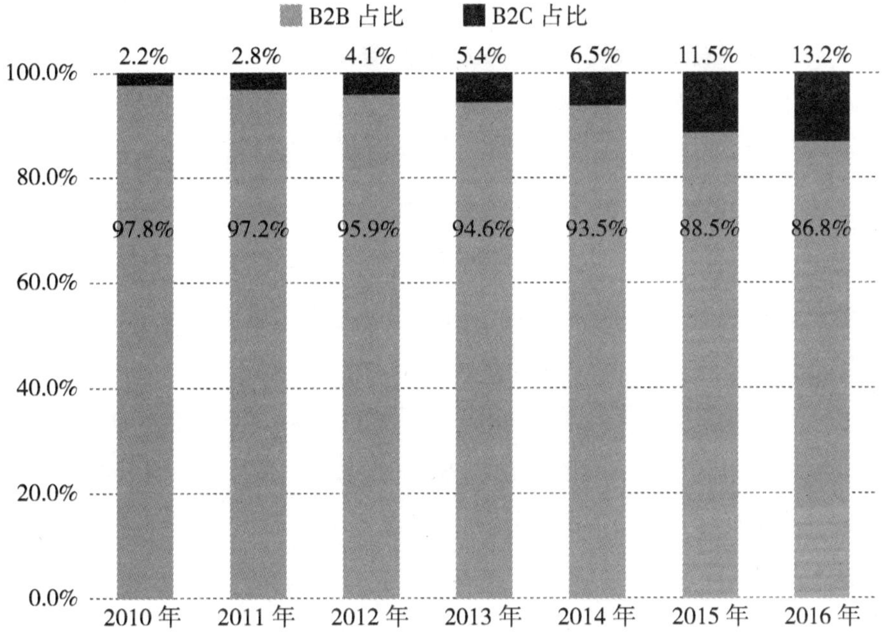

数据来源：www.100EC.CN　托比研究分析

2. 跨境电商 B2B 贸易呈现小额化、碎片化的趋势

跨境电商 B2B 业务发展得如火如荼，规模不断扩大。一方面，原来线下的传统渠道出口大订单进入电商领域，大订单越来越多；另一方面，随着移动互联网用户数的不断增加，跨境电商 B2B 订单又呈现小额化、碎片化的趋势。这两个看似矛盾的现象，真实地呈现了当前跨境电商 B2B 的发展格局，而订单的小额化、碎片化会是一个更长期的趋势。

移动互联网时代，通过移动端，卖家与买家之间的交易过程打破了时空障碍，真正实现无缝对接，生意随时随地进行。因此，越来越多的贸易业务从 Web 端向移动端转移，卖家可以通过手机随时将产品图片更新到平台网站上，买家也可以通过手机随时随地查看产品信息。如果有意向，买卖双方也可以随时随地沟通洽谈，随时随地促成订单。便捷的沟通，使频繁的询盘与交易成为可能，为跨境电商 B2B 贸易的小额化、碎片化提供了条件。

3. 移动端第三方跨境电商 B2B 平台应需而生

未来，从交易规模看，跨境电商 B2B 贸易仍然处于绝对的优势地位，加上移动互联网发展规模的不断扩大，对第三方平台提出了新的要求。各第三方跨境电商 B2B 平台需要运用新渠道、新方法去解决新的需求问题。

新的需求问题就是：移动互联网发展规模的不断扩大，让买卖双方商家不再满足于单纯的 PC 端交易平台，而是越来越向移动端市场聚集，因此移动端的第三方跨境电商 B2B 平台应需而生。

移动端的第三方跨境电商 B2B 平台，解决了买卖双方商家在移动互联时代所要求的沟通更便捷、更快速的问题，也很好地适应了跨境电商 B2B 贸易所呈现的小额化、碎片化趋势，成为跨境电商 B2B 领域中极具发展潜力的一种模式。

3.2　第三方跨境电商 B2C 、C2C 平台

3.2.1　第三方跨境电商 B2C 、C2C 平台的运作模式

1. 第三方跨境电商 B2C 平台的运作模式

（1）运作模式

B2C（Business to Customer）是企业与个人消费者通过互联网进行数字信息的交换、传递，开展交易活动的商业模式。卖家是企业，买家是个人消费者。

第三方跨境电商 B2C 平台，让众多的卖家企业与个人消费者通过集认证、付费、安全、客服和渠道于一体的专业第三方平台，完成买卖双方之间的跨境交易。

（2）优势

为跨境电商 B2C 企业聚集了全球各地的消费者流量，减少企业的流量获取成本。

物流方面，为跨境电商 B2C 企业提供完善的物流服务体系支撑，很好地提升了客户的物流体验。

支付方面，为买卖双方提供第三方结算支持，增加双方交易的可信度。

跨境电商 B2C 企业可以依靠第三方平台的功能、服务等优势，提升客户购物体验。

（3）缺点

受平台规则变化的限制，卖家难以绕出平台限制实现创新。

卖家集中聚集在一起，同类产品卖家之间的竞争激烈。激烈的竞争使卖家不得不降低价格去吸引消费者，低价出售商品，而这样意味着利润的降低，

于是卖家又不得不通过降低产品质量来降低成本，以保持一定的利润空间，如此恶性循环只会导致产品质量变差，以及品牌信誉的降低。

依靠平台的服务、流量分发，卖家企业容易对平台产生依赖性，品牌独立性不强。

2. 第三方跨境电商 C2C 平台的运作模式

（1）运作模式

C2C（Customer to Customer）是个人卖家与个人消费者通过互联网进行数字信息的交换、传递，开展交易活动的商业模式。卖方是个人卖家，买方是个人消费者。

第三方跨境电商 C2C 平台是众多的个人卖家与个人消费者通过某个集认证、付费、安全、客服和渠道于一体的专业第三方平台，完成买卖双方之间的跨境交易。

（2）优势

弥补了个人卖家在引流与营销技巧上的先天不足，降低了国内个人卖家进入国际市场的门槛。

实现了个人卖家只需要投入比较少的成本，就能够将产品卖到海外市场的目标，主要体现在节省了货品展示成本、网店成本、营销成本等方面。

个人卖家很难为客户提供完善的物流服务，依靠平台，就能够很好地提升客户的物流体验。

相比于企业卖家，个人卖家在与客户建立信任度方面，特别是在支付环节上比较困难，有平台作为支撑提供第三方支付结算，更容易取得消费者的信任。

（3）缺点

个人卖家对平台的依赖性大，处于比较被动的地位。

与企业卖家相比，个人卖家的采购议价能力比较差，在平台上的竞争能力比较低。

这种商业模式发展有局限性，较难真正做到规范化和标准化，平台对品质和真伪的控制能力比较弱，买家的信任度不如 B2C 等模式。

3. 第三方跨境电商 B2C 、C2C 平台的典型代表

第三方跨境电商 B2C 平台和 C2C 平台之间，往往不是非黑即白的分开区别，很多有影响力的面向 C 端消费者的平台，都同时兼有 B2C 和 C2C 模式。像 eBay，以 C2C 起家，逐步重点发展 B2C，尤其是跨境业务部分。考虑到企业商家在跨境电商业务中更具优势，也更具规模，在中国商家的跨境业务上，这类平台的定位倾向于 B2C 模式。

（1）第三方跨境电商 B2C 平台的典型代表

目前运行的第三方跨境电商 B2C 平台的典型代表有：亚马逊、速卖通、Wish、eBay。这四个 B2C 平台之间的定位各有特色。

速卖通的定位是帮助中国小企业接触终端消费者，小批量多批次快速销售，拓展利润空间，打造融订单、支付、物流于一体的外贸在线交易平台。

亚马逊的定位就比较特别，采取阶段性定位战略。1994 年—1997 年，亚马逊第一次定位是：成为“地球上最大的书店”；1997 年—2001 年，亚马逊第二次定位是：成为“最大的综合网络零售商”；2001 年至今，亚马逊第三次定位是：成为“最以客户为中心的企业”。

Wish 的定位是一家移动跨境电商 B2C 平台，通过愿望清单的模式为用户提供产品分享、购买服务。

eBay 的定位是让全球民众上网买卖物品的线上拍卖及购物网站。

（2）第三方跨境电商 C2C 平台的典型代表

单纯的第三方跨境电商 C2C 平台，这种商业模式的发展目前来看还比较薄弱，典型代表有：Etsy。

Etsy 的定位是美国一个在线销售手工工艺品的网站，通过集聚一大批极富影响力和号召力的手工艺术品设计师，在 Etsy 开店，销售自己的手工艺品。

3.2.2 跨境电商 B2C 、C2C 与第三方跨境电商 B2C 、C2C 平台的发展趋势

1. 跨境电商 B2C 与第三方跨境电商 B2C 平台的发展趋势

（1）跨境电商 B2C 高速增长

阿里跨境电商研究中心与埃森哲联合发布的《全球跨境 B2C 电商市场展望趋势报告》显示，到 2020 年，跨境 B2C 电商消费者总数将超过 9 亿人，年均增幅超过 21%；全球市场规模由 2014 年的 2300 亿美元升至 2020 年的近 1 万亿美元，年复合增长率超过 20%。

2010—2016 年中国跨境电商交易规模 B2B 与 B2C 结构

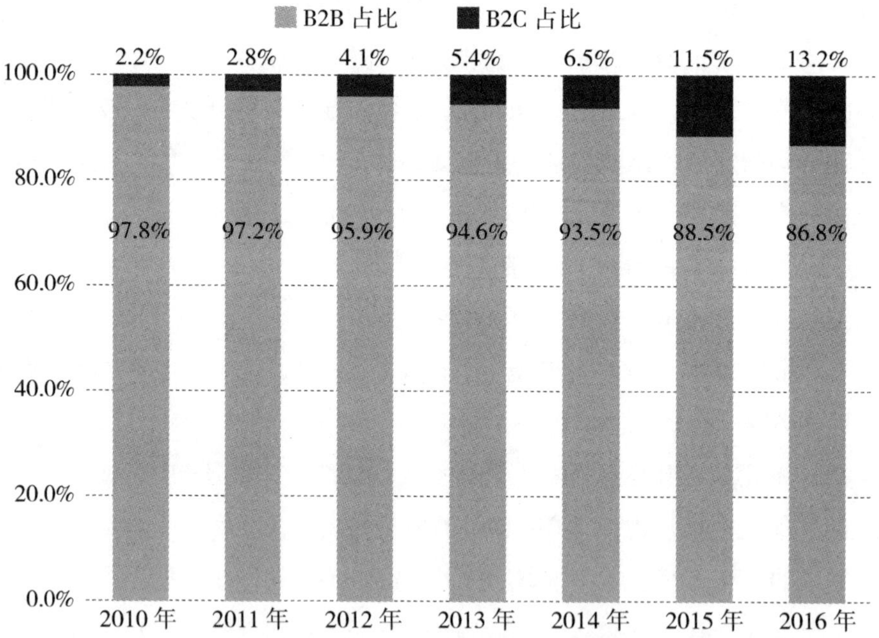

数据来源：www.100EC.CN 托比研究分析

根据托比研究分析数据，从 2010 年到 2016 年，跨境电商 B2C 的交易规模在不断扩大，且增长速度不断加快。

随着消费者个性化需求的日益凸显，以及消费的升级，特别是千禧一代更加注重和享受海外购物带来的个性化体验，个人消费者直接通过跨境电商平台、网站购买跨国商品的趋势不断加强。

而跨境电商 B2C 模式，C 端消费者可以直接跨境与 B 端卖家沟通，个性化需求得到更好的满足。消费者直接与商家进行互动，也提高了商家的运作效率，有助于商家降低运营成本，以及通过直接的消费评价与反馈进一步提升产品质量与服务。

（2）第三方跨境电商 B2C 平台具有很大的发展潜力

第三方跨境电商 B2C 平台整合了包括仓储、物流、信息系统、代运营以及在线支付等多种服务内容，受到越来越多的出口跨境电商企业的青睐。凭借第三方平台的服务，出口跨境电商企业能够在节约成本的同时，为 C 端消费者带来更加优质的服务。

因此，第三方跨境电商 B2C 平台在跨境领域，具有很大的发展潜力。平台通过对流量与消费进行大数据分析，洞察消费者行为习惯，为平台上的 B2C 企业提供决策参考，对平台自身以及 B2C 出口企业的发展都是有利的。

2. 跨境电商 C2C 与第三方跨境 C2C 平台的发展趋势

（1）跨境电商 C2C 发展空间有限

C2C 作为跨境电商的模式之一，仍然存在，但市场占比与市场规模却很小。个人卖家对个人消费者这样的交易模式，个人商家在跨境交易各环节上的主导能力比较差，处于较被动的地位，因此发展受限。此外，C2C 模式虽然在商品品类上可以定制化、个性化，但对商品品质和真伪的控制能力较差。

近几年，以 C2C 模式出现的海淘虽然很火，但却很难实现规模化与规范化发展。C2C 在渠道上更是呈现多样化的方式，个人卖家多混迹在各大社交媒体上，例如 Facebook、Twitter、YouTube 等，看似发展红火，其实发展空间却是有限的。

（2）第三方跨境电商 C2C 平台慢慢被边缘化

说到第三方跨境电商 C2C 平台，不得不提到速卖通与 eBay，早期均以第三方跨境电商 C2C 平台的模式存在，但目前速卖通已经完全从 C2C 模式向 B2C 模式转变，而 eBay 也在慢慢向 B2C 模式转变，可以说第三方跨境电商 C2C 平台正在被慢慢边缘化。当然，第三方跨境电商 C2C 平台代表还有 Etsy 等。

综合来看，第三方跨境电商 C2C 平台发展规模与市场占有率，很难和第三方跨境电商 B2C 平台相比拼。在品类方面，个性化手工艺品等品类具有优势；在商品质量方面，平台对其把控能力较弱，消费者对商品与个人卖家的信任度也较低。这些因素自然就限制了第三方跨境电商 C2C 平台的发展。

3.3　独立跨境电商 B2B 平台

3.3.1　独立跨境电商 B2B 平台的运作模式

1. 运作模式

独立跨境电商 B2B，是相对第三方跨境电商 B2B 平台而言的，是企业卖家与企业买家之间通过网络进行数据信息的交换、传递，直接开展交易活动的商业模式。B2B 卖家拥有自己的外贸网站，直接面对海外的 B2B 买家，交易流程以卖家的外贸网站为核心开展商业贸易。

2. 典型代表

国内比较成功的独立跨境电商 B2B 典型代表有：极赛。

平台名称	平台定位	所属企业
极赛	独立才是王道，利用大数据为中国出口企业挖掘蓝海市场，实现精准营销	跨境电商营销第一股——广州英虎网络股份有限公司

极赛，是跨境电商营销第一股——广州英虎网络股份有限公司旗下的跨境电商平台，致力于为独立跨境电商 B2B 企业服务，以“跨境电商独立才是王道”为理念，利用大数据对海外市场进行全面分析，为企业挖掘蓝海市场，从而为企业的独立 B2B 网站精准匹配客户，向网站独立引流，最终实现精准营销。

3.3.2　独立跨境电商 B2B 的优势

国外 B2B 买家对国内 B2B 卖家的关注，更多的是企业信誉、企业实力、产品质量、品牌形象、生产能力、创新能力、服务能力等，而独立的网站能够全面、多角度地展示独特的品牌故事与企业实力，更容易取得B2B买家的信任。因此，独立跨境电商B2B模式在向买家展示企业实力、品牌形象、生产能力等方面更具有优势。

极赛，作为独立跨境电商B2B平台的典型代表，具有如下优势：

利用大数据精准分析市场容量大小、竞争情况、商机大小等情况，为企业筛选蓝海市场。

独立引流模式，不涉及比价，B2B卖家可以避免恶性价格竞争，提升盈利水平。

基于独立的理念，客户流量是进入到B2B卖家的独立网站，有利于卖家的官方网站流量积累，获得精准的潜在客户资源。

B2B卖家可以凭借自己的独立B2B网站经营品牌，展示独特的品牌价值与理念，提升品牌影响力，形成自己的竞争优势。

经营独立B2B网站，卖家能够有效收集客户的真实反馈，为营销策略提供决策参考。

当然，采用独立跨境电商B2B模式的卖家，要具备很强的实操能力，对贸易整个过程中涉及的各项流程，如报关、物流、支付结算、仓储、售后服务等要有独立的操作能力，才能将独立跨境电商B2B的优势最大化发挥出来。

3.4 独立跨境电商 B2C 平台

3.4.1 独立跨境电商 B2C 的运作模式

1. 运作模式

独立跨境电商 B2C 是企业卖家利用外贸商城网站直接对接海外个人消费者，交易流程包括商品咨询、下单、付款、物流信息查询、退换货服务、商品评价等，都集中在企业卖家的独立商城网站进行。

虽然现在第三方跨境电商 B2C 发展态势良好，但对于某些细分领域中具有独特优势的企业，第三方跨境电商 B2C 平台可能不是最好的选择。于是，在众多细分领域中纷纷出现一些走独立跨境电商 B2C 的企业，独自寻找自己在海外市场的发展空间。

2. 优势

与第三方跨境电商 B2C 相比，独立跨境电商 B2C 的运营与发展更具灵活性、独特性，独特优势在于：

能够走差异化道路，为消费者提供个性化定制服务，打造自己独特的竞争优势。

以某一细分领域切入，集中精力精细化运营，能够更好地满足消费者的某一特定需求。

自主选择产品供应商，对所销售的产品直接进行质量监控，有效控制品质与供货进度。

能够直接动态掌握客户需求与反馈，并迅速将客户的需求反馈给国内制造企业，更好满足消费者实时变化的消费需求，迅速捕捉商机。

当达到一定的规模时，容易形成规模效应，平台影响力也得到增强。

通过创立平台网站的特色品牌，有利于中国制造的品牌在海外市场的推广，更有利于树立国际品牌形象。

3. 缺点

独立跨境电商 B2C 走自主经营道路的过程中，会遇到一些发展障碍，主要表现为：

（1）营销推广费昂贵

独立跨境电商 B2C 对流量要求较高，且完全依靠自己导入，为获取更多的新用户，就必须要增加网站的营销推广费。

（2）对搜索引擎的依赖性强

独立网站流量的最主要入口是搜索引擎，因此对搜索引擎营销具有比较强的依赖性。

（3）物流成本、体验有待优化

独立跨境电商 B2C 面向的是海外个人消费者，订单小，小包裹长时间、长距离运输，物流配送时间长，包裹容易丢包或损坏，导致物流成本高，物流体验差。

（4）缺乏专业人才

独立跨境电商 B2C 订单的小额化、高频率，需要对应的客户服务人员较多，针对海外消费者的小语种人才，目前在国内的状况是紧缺的。独立运营网站需要熟悉海外市场的专业营销推广人员，这类人才也是相对缺乏的。

无论是小语种人才，还是专业的海外推广营销人才，由于人才供给不足，跨境电商企业纷纷展开对人才的争夺，人才竞争激烈。

4. 典型代表

目前，独立跨境电商 B2C 的典型代表有：环球易购、兰亭集势、米兰网、DX。

环球易购的定位是国内领先的出口跨境电商零售企业，主要采用买断式自营方式进行海外直销，推广中国制造。

兰亭集势的定位是为全世界中小零售商提供一个基于互联网的全球整合供应链，集合国内供应商向国际市场提供“长尾式采购”模式。

米兰网定位于“Dress Difference”，利用跨国在线零售的方式，通过其创新的商业模式、领先的精准网络营销技术、世界一流的供应链体系，引领新的商业文明，为全球消费者提供具有品质保障且独特的时尚服饰。

DX 的定位是国内第一家真正意义上的跨境电商 B2C 企业，主营 3C 电子产品，设置比价功能，以期做全网最低价。

3.4.2　独立跨境电商 B2C 的发展趋势

1. 发展状况

越来越多的企业加入独立跨境电商 B2C 行业，在垂直领域寻找更广阔的海外发展空间。经过努力，目前已有多家独立跨境电商 B2C 平台网站渐成规模，成为行业的典范，比如环球易购、兰亭集势、DX、米兰网等。他们能够取得良好成绩的很大原因，是他们找到了自己的优势细分领域，走自己独特的、差异化的道路。

独立跨境电商 B2C 发展初期主要以量取胜，凭借高性价比迅速抢占海外市场。如今，开始注重以质取胜，通过自建的平台，提供差异化的商品，走出了一条特色的发展道路。近年来，加入独立跨境电商 B2C 的企业在不断增多，企业之间的竞争也在加剧。

2. 努力方向

海外消费者个性化需求日益增长，相信会有越来越多的企业涌入跨境电商 B2C 领域。而独立跨境电商 B2C 领域，也将吸引那些希望能够实现灵活、个性化经营的企业加入。要想在独立跨境电商 B2C 领域成就优秀企业，对独立跨境电商 B2C 发展模式的探索与思考是必不可少的，企业可以从下面这些方向做努力：

（1）走品牌化道路

不仅仅是产品上的品牌化，也是独立跨境电商 B2C 平台网站的品牌化，从服务，以及客户的购买、物流、售后等环节的体验方面打造平台网站的品牌。

（2）大数据挖掘客户、精准化营销，降低营销成本

充分利用大数据挖掘消费者偏好、行为习惯等，根据分析结果不断优化营销策略，提高营销的精准性，以及在提高客户体验，降低营销成本的同时，留住客户。

（3）引进海外人才

海外人才的引进不仅能够很好地解决人才的紧缺问题，而且海外的本土化人才，对本土市场的语言、市场情况、消费群体有更透彻的了解，能够更好地把控与执行工作，对提升工作质量与效率有很大的帮助。

（4）借助跨境电商服务商的资源优势

优秀的企业应该具备整合各方资源的能力，除了整合上下游供应链，还应该整合具备大数据资源与分析能力的第三方服务商、物流服务商等，充分利用大数据分析实现精准化营销，挖掘有效的客户资源，降低营销成本，以及利用本地化仓储，为消费者提供良好的物流体验。

3.5　跨境电商的大数据化之路

3.5.1　第三方平台的大数据化

在大数据搅动的时代，谁还能坐得住？谁也坐不住，因为大数据正在驱动着新外贸。阿里巴巴、亚马逊、Wish 等第三方跨境电商平台都在砥砺角逐大数据。这个时代，谁能掌控好大数据并迅速挖掘大数据隐藏的价值，谁就是这个行业的领导者。

在 PC 互联网时代，第三方平台更多的是为跨境电商出口企业提供一个对外贸易的平台、渠道、流量分发的池子。关于店铺或产品的排名，第三方平台专注于对销量、关键词匹配、客户评价、竞价等方面的考核。而现在的大数据时代，第三方平台开始使用平台大数据的分析结果去影响卖家的排名、产品推荐等，进而直接影响销量。

一个 B 端买家进来，平台会根据这个买家的购买行为的历史数据分析，判断和预测这个买家的采购品类偏好、采购价接受度、采购量大小等采购习惯，从而为 B 端买家推荐最适合的商品；一个 C 端买家进来，平台同样根据这个买家的购买行为的历史数据分析，判断和预测这个买家的品牌喜好、消费水平、潜在需求、性别、年龄甚至是职业等状况，为买家做个性化的商品推荐。

此外，第三方平台对大数据的运用，不仅仅是为卖家在产品精准营销上提供了有效的解决方案，还为买卖双方消除沟通、物流障碍，如买家与卖家的支付信用问题、物流成本高、物流体验差等问题。

3.5.2　独立站的大数据化

独立站利用客户数据驱动利润增长的表现主要在于：充分发挥平台内部

的小数据，并结合权威的行业大数据、搜索引擎大数据等。特别是搜索引擎大数据，因为独立站的流量主要来自于搜索引擎，搜索引擎数据覆盖了大部分网民的行为习惯，是能够深度挖掘的数据宝藏。

诸如一些第三方数据统计分析机构的数据资源，以及 Winsog 一类的数据分析工具，都是独立站能够借助的资源，弥补自己数据缺乏与分析能力不足的短处。不少经营独立站的跨境电商企业，在搜索引擎、社交媒体等大幅购买流量，但转化率却很低，进来浏览了网页的客户并没有产生购买行为就离开了，浪费了流量资源也增加了广告成本。而如果基于大数据分析，挖掘具体产品的蓝海市场，分析客户行为习惯，然后在渠道、区域、时间等方面有针对性地设置推广策略，就能够有效提高广告转化率，降低营销成本。

基于大数据分析，不是单纯地挖掘哪些国家、地区对具体的产品更感兴趣、消费潜力更大，而是在分析市场容量的同时，分析市场的进入机会、竞争状况。假如一个市场，有 100 份需求，却有 110 份供给，再进入这个市场，你只能进去凑热闹；假如另一个市场虽然只有 40 份需求，但仅有 10 份的供给，你进入的就是蓝海市场。这就是独立站是否走大数据化道路的区别。

总之，无论是第三方平台，还是独立站，营销都在逐渐大数据化。逐步积累自己的数据，充分利用好搜索引擎大数据，以及第三方数据统计机构的数据资源与分析能力，挖掘真实数据中的价值，是跨境电商企业必须要走的路。

跨境电商

运营

- 市场策略
- 品牌策略
- 选品策略
- 推广策略
- 定价策略
- 支付策略
- 平台策略
- 物流策略

4.1 市场策略

4.1.1 市场定位——寻找属于自己的蓝海市场

1. 市场定位的重要性

俗话说“男怕入错行，女怕嫁错郎”，这说的是人生定位的重要性。跨境电商企业出海，面向的是全球市场，偌大的海外市场，究竟哪里才是自己产品的用武之地?

市场的定位不精准，误入红海市场，或是市场变化，蓝海变红海，却还不愿意转移阵地的企业不在少数。这也是为什么在全球跨境电商市场规模不断扩大的态势下，许多具有多年经验的外贸老人却感慨：外贸越来越难做了!

其实，外贸不是难做了，而是出口企业没有为自己的产品找到一个“好做”的市场。所谓“好做”的市场，就是现在大家都想挖掘的蓝海市场，但蓝海市场是相对于产品而言的。例如，一个市场可能是儿童玩具的蓝海市场，却不一定是假发产品的蓝海市场。

因而，做好市场定位，是企业在一个市场能够站稳脚跟的重要前提，更是企业在海外市场取得好成绩的关键一步。市场定位对跨境电商企业的具体价值在于：

创造差异化，塑造企业在特定目标市场独特的品牌形象；

适应细分市场客户的特定需求，更好地满足客户需求，赢取客户的青睐；

在某一细分市场形成自己的竞争优势，避开竞争激烈的红海市场；

准确定位市场，推动精准营销的实现，让营销活动达到事半功倍的效果。

2. 行业内主要的跨境电商平台市场定位

平台名称	专注市场	平台特色	卖家类型
亚马逊	欧美日市场	在全球拥有覆盖面最广的消费者规模，物流体系较强	主要面向中小企业卖家
速卖通	新兴市场	具有较大规模卖家资源，并有较为完善的支付体系	主要面向中小企业卖家
eBay	欧美市场	拥有全球化的平台体系与支付工具 Paypal，在欧美市场基础深厚	主要面向中小企业卖家
极赛	蓝海市场	凭借 Google、Bing、Yandex 等搜索引擎大数据分析市场，为企业挖掘蓝海市场	主要面向 B2B 企业卖家

亚马逊在市场定位方面，选择的主攻市场是欧美日市场，欧美日市场的消费水平在国际市场上属于最高水准。亚马逊主要面向拥有自主品牌的卖家，正因为如此，亚马逊对商品的质量、品质要求较高，坚决打击假冒伪劣产品，这与其定位相匹配。

速卖通在市场定位方面，选择的主攻市场为新兴市场，比如俄罗斯、印度、巴西等地。新兴市场在基础设施方面尚不完善，中小卖家想要独立进入还比较困难，而速卖通凭借自身完备的服务体系，帮助中小卖家企业进驻新兴市场，因此赢得了国内众多中小企业卖家以及国际消费者的青睐。

eBay 在市场定位方面，选择的主攻市场是欧美市场。eBay 在欧美市场资历较深，在整个运营链条上已经比较成熟，特别是在供应链和支付环节，对于想要主攻欧美主流市场的卖家具有较大的吸引力。不过 eBay 在欧美市场已经达到一定的规模，未来想在欧美市场实现爆发性增长比较难。

极赛在市场定位方面，走出了一条与其他平台与众不同的道路，就是专注为卖家挖掘与产品匹配的蓝海市场。极赛凭借 Google、微软 Bing 等大数据资源与强大的数据分析能力，以卖家的产品为导向，利用海外市场大数据，分析市场情况，包括特定市场对产品的需求量、特定市场上同行卖家数量即竞争大小情况，为国内缺乏市场分析能力的中小卖家精准匹配蓝海市场。

4.1.2 大数据分析精准定位蓝海市场

做跨境电商，商家都希望把产品放在蓝海市场销售，绕开红海市场激烈的竞争环境，尽可能避免高投入低回报的营销效果。因而，精准定位到自己的蓝海市场，就成了跨境电商企业的头等大事，它也决定着企业在海外市场能否少走弯路，能否不断发展壮大。

1. 定位原则

好产品是相对于市场而言的，卖对了市场才是关键！别人的蓝海市场并非是你产品的蓝海市场，给自己的产品精准定位蓝海市场，才是做跨境电商的大智慧。要精准定位蓝海市场，首先要遵循如下定位原则：

根据产品的特性做市场定位；

根据产品特定的使用场合和用途做定位；

根据客户属性与偏好做定位；

根据客户的利益期望做定位。

这些原则的遵循，都是建立在对市场充分了解的基础上的。相同的产品在不同的国家或细分市场有不同的需求情况。因此，必须要以产品为导向，了解市场上消费者对产品的喜好、需求情况，了解市场上同行卖家的入驻量即竞争大小情况，了解市场上消费者对产品的使用场合、用途、使用频率情况，了解消费者希望产品能够满足什么样的利益需求等。这些市场情报的获取主要是通过对市场大数据的挖掘研究，并进行深入细致的分析，才能更明确、更精准地掌握市场行情。

2. 利用大数据思维精准定位蓝海市场

示例产品：无线摄像头

产品关键词：Wireless camera

（1）针对 G20 国地区的蓝海市场定位

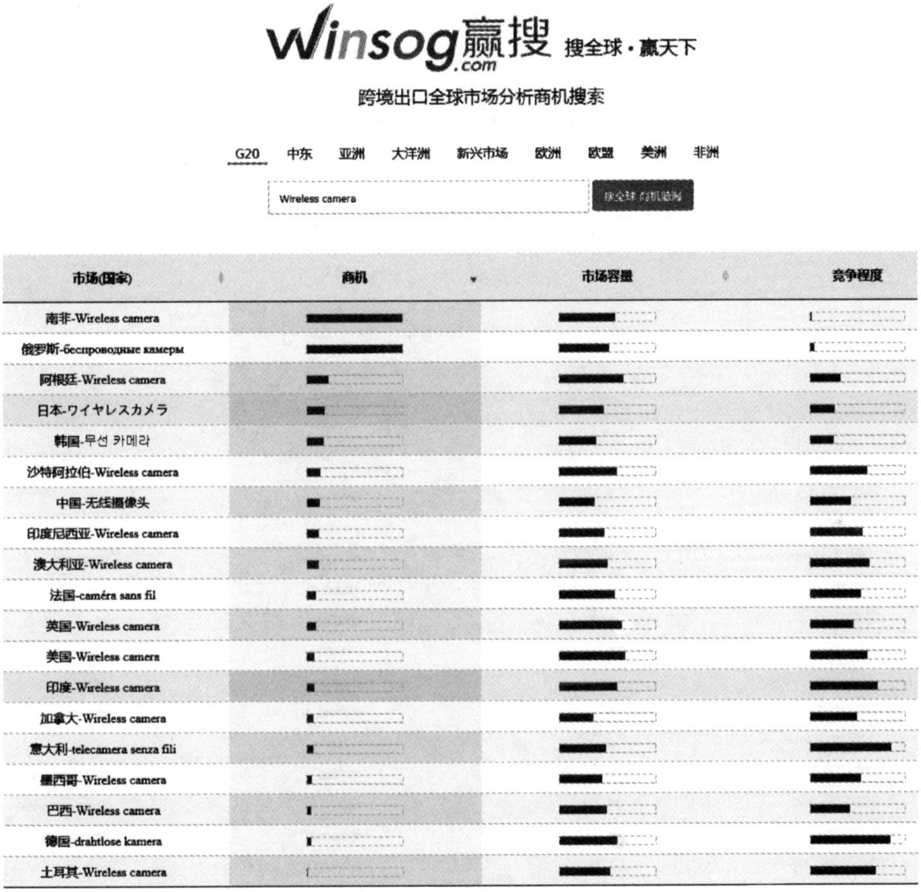

数据来源：赢搜 winsog. com

G20 国地区市场分析

竞争程度分析：市场同行商家之间竞争的激烈程度

市场容量分析：市场对无线摄像头需求量情况

商机大小分析：市场容量和竞争程度综合分析结果

定位蓝海市场：南非、俄罗斯

根据大数据分析结果可知，无线摄像头在 G20 国地区的蓝海市场是南非、俄罗斯。在 G20 国地区中，美国、法国、德国、英国等欧洲大国对无线摄像头的需求量很大，但是竞争异常激烈，因而商机大小远不如南非、俄罗斯。南非、俄罗斯市场对无线摄像头的需求量虽然不是最大的，但竞争却很小，因而商机表现不错。

（2）针对中东地区的蓝海市场定位

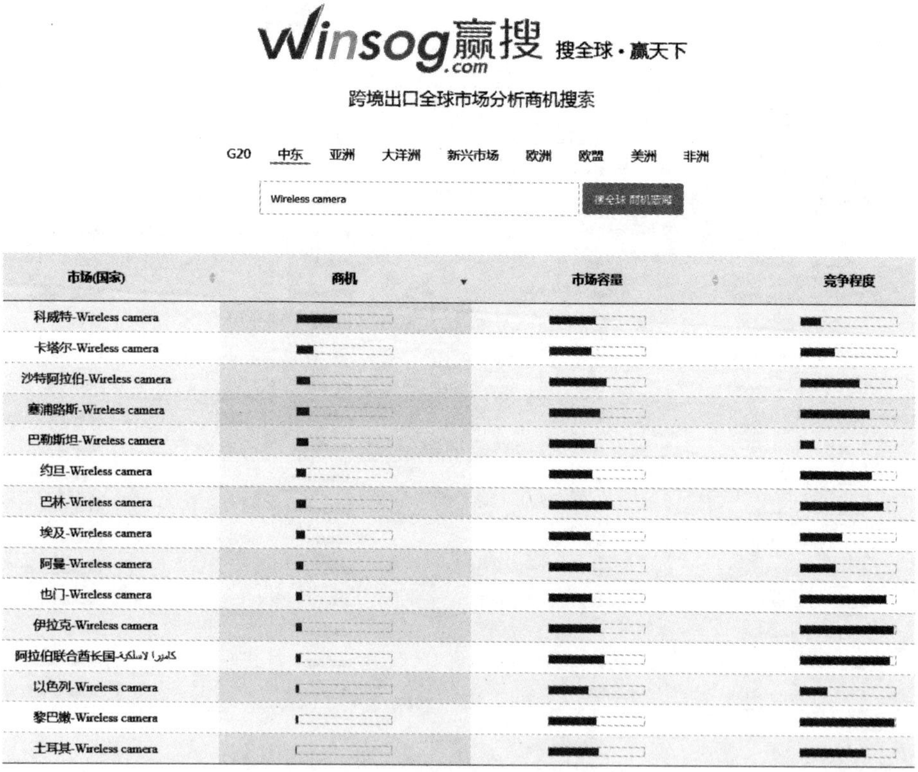

数据来源：赢搜 winsog. com

中东地区市场分析

竞争程度分析：市场同行商家之间竞争的激烈程度

市场容量分析：市场对无线摄像头需求量情况

商机大小分析：市场容量和竞争程度综合分析结果

定位蓝海市场：科威特

根据大数据分析结果可知，无线摄像头在中东地区的蓝海市场为科威特。科威特市场需求量虽然不是很大，但是竞争比较小，商机较大。

4.2 选品策略

4.2.1 数据思维理性选品——不盲目追随

1. 大数据思维

（1）行业分析

对于集生产与销售于一体的跨境电商企业，借助海外市场大数据，对自己产品所处的行业在海外市场的需求状况、竞争程度、行业趋势进行分析，可以为企业产品调整、设计、创新提供决策参考。

对于单纯的销售型跨境电商企业，依据大数据分析，对所选品类所处行业在海外市场的需求状况、竞争程度、行业趋势进行分析，可以根据行情变化，第一时间调整产品策略，优化产品配置，促进产品销售。

跨境电商企业可以借助权威研究中心的行业研究数据、海关数据、第三方平台或服务商的行业数据分析报告等，了解和预测行业市场动态，及时调整公司产品策略，跟进潮流趋势。

（2）市场需求分析

依靠第三方平台的跨境电商企业，对平台本身定位的市场的需求变化要及时把握清楚，比如速卖通的主攻市场为俄罗斯、巴西等新兴市场，跨境电商企业就必须清楚这些市场的蓝海产品是什么、这些市场有什么样的需求等。

对于经营独立网站的跨境电商企业，要了解自己产品在目前主攻市场的需求变化情况、消费者对产品又有什么样的期望等。

跨境电商企业对市场的分析，必须要借助市场大数据，可以结合第三方机构、中国电子商务研究中心的某些跨境行业数据，或者通过行业协会、行业展会的信息，做数据收集与分析，根据大数据分析的结果选择最受市场欢迎的产品。

无论是哪一个市场，都是动态变化的，因此需要定期或不定期进行目标市场大数据的收集、整理、分析，并且，对所收集的数据，要进行科学的筛选。因为在这个信息大爆炸时代，各种渠道都蕴藏着丰富的数据，但有些数据并没有用，有的数据甚至是有误的，这些数据分析出来的结果对企业决策并没有参考意义，还有可能对企业造成误导。

2. 企业定位

每个跨境电商企业都有一个相对稳定的定位，至少在行业定位上是相对稳定的。企业选品不能盲目追随所谓的热销品、畅销品，如果你一直是玩具行业的卖家，店铺或网站上突然多了个 3C 类的热销品，显然和自己的定位不相符。跨境电商企业要结合企业定位选品，避免选择的产品与自身的定位相违背。

选品符合企业定位，一方面是向客户证明自己的专一、专业性，另一方面，长期相对稳定的产品类型有利于打造企业的品牌影响力，提高客户的信任度。

4. 2. 2　选品技巧数据化——打造自己的爆款

1. 搜索引擎大数据分析热搜品

搜索引擎是客户搜索产品信息的重要工具，根据搜索数据，分析意向选品是否为目标市场的热搜品，或者是哪个市场的热搜品。

如何借助搜索引擎大数据？可以借助一些搜索引擎分析工具，例如：

赢搜——https：//www. winsog. com，基于 Google、Bing、Yandex 等搜索引擎的大数据，输入意向选品关键词以及指定区域，可以分析该选品在指定市场的容量、同行卖家的入驻情况即市场竞争程度；该工具还能综合市场容量与竞争大小，综合分析出意向选品在指定市场的商机大小，从这些指标中分析意向选品是否为热搜品，以及是哪个市场的热搜品。赢搜海外商机大数据分析系统，很受亚马逊等平台的商家喜爱，在选品方面屡立奇功。

Google Trends 工具——http://www.google.com/trends，通过输入意向选品关键词，切换不同市场进行分析，可以看到不同地域对该选品的搜索曲线，也就是各个地区搜索量的时间变化情况。这对于跨境电商企业针对目标市场，应该在哪个时间节点选择上线什么产品具有非常重要的借鉴意义。

KeywordSpy 工具——http://www.keywordspy.com，输入意向选品关键词，选择想要分析的市场，可以看到指定市场对该选品每个月的搜索量情况，还可以分析与指定关键词关联度较高的关键词搜索量情况。跨境电商企业可以根据分析结果去制定选品策略，以及后续产品关键词优化。

不同的数据分析工具，数据分析结果具有不同的侧重点，跨境电商企业可以充分发挥不同工具的长处，根据综合分析结果制定科学合理的选品策略。

2. 研究分析第三方平台热销品

第三方平台也是跨境电商企业选品可以借助的工具，例如速卖通、亚马逊、阿里巴巴国际站等，分析这些平台的热销品以及这些热销品的关键词，然后再结合上面提到的搜索引擎分析工具，对热销品关键词的其他数据进行分析比对，判断选品的市场潜力。

数据来源：Amazon Best Sellers

例如，亚马逊通过 Amazon Best Sellers 工具，分析每个行业的热销品、热搜品情况，然后再将这些产品放到搜索引擎分析工具上分析其他更多的数据信息。

3. 研究目标市场本土化网站的热销品

国外本地化的电商平台网站，也是跨境电商企业可以研究分析的对象。国外本地化网站对本地消费者有更精准的洞察与需求匹配，通过分析国外本地化网站的热销品，特别是行业新品的受欢迎程度，就可以了解当地市场消费者对某产品的需求情况与喜爱程度，以此判断该选什么产品。

4. 研究分析社交媒体热词

这个时代，几乎人人都会使用社交媒体，社交媒体聚集了巨大的用户信息。利用大数据思维挖掘社交媒体的价值信息，已成为很多企业洞察消费者行为的重要方式。

国外重要的社交媒体有 Facebook、Twitter、YouTube、Pinterest、Google +、Instagram、LinkedIn 等，跨境电商企业进入这些社交媒体，了解社交媒体上的用户都在热议什么。例如，你是电子产品行业的企业，就可以关注社交媒体用户都在谈论什么款式和品类的电子产品，甚至可以发现用户的需求痛点，利用这些有价值的信息指导选品或者优化产品。

5. 研究分析同行优秀店铺

向厉害的人学习，是自我成长的有效方式。做跨境电商也是一个道理，通过研究行业内优秀店铺相关经营数据，分析其热销品的特点、属性，可以知道什么产品正在被追捧，还可以研究分析优秀店铺关于热销品的标题设计、关键词使用、市场定位等价值信息。

此外，还可以通过店铺的买家页面分析该产品买家的来源、对产品的评价等信息，以结果反向指导决策，包括选品与营销。

4.2.3 善用选品潜规则

对于某个大的品类来说，可能热销品只有一个系列，或只有某一款。跨境电商企业无论是进驻第三方平台开店铺，还是经营独立站，如果产品仅仅是某一个系列或某一款产品，店铺和网站看起来就有些单调，产品品类简单，客户可选择性少。

因此，跨境电商企业在选品时可适当铺宽产品线，增加产品类目，可以是围绕着热销品的周边产品。如手机，可以配套选择一些手机膜、手机套等配件，覆盖更多的相关性关键词。这样做一方面是可以吸引更多的流量，另一方面是给客户更完善的购物体验。

4.3 定价策略

4.3.1 定价前期数据分析：合理定价

1. 供应商分析与选择

确定要上线销售什么产品之后，接下来就是定价问题。要根据供应商的货源情况定价。

如果是单纯的销售型跨境电商企业，最好根据选品去分析与选择供应商，因为供应商的服务水平、生产能力和资质、产品产出率和合格率等情况，直接影响产品成本。只有掌握这些情况，跨境电商企业才能准确判断产品的成本，为科学定价提供参考依据。如果是集设计、生产、销售于一体的跨境电商企业，就不用考虑供应商分析与选择这一环节。

另外，对供应商的分析与选择，也是为了能够给客户更好的购物体验。假如选择了价格具有优势的供应商，后期借助有效的营销活动使产品热卖，也可能因为产品质量不过关或者供货不稳定，造成客户的购物体验很差，那么即便产品价格低也留不住客户！

2. 成本分析与核算

成本是定价最主要的参考元素，做生意的最终目的是盈利，因此卖家必须对成本的数据分析与核算做到全面、准确，避免因为疏忽某项成本，或者成本数据核算不准确，造成产品定价的不合理，或亏损，或卖不动。

一般的成本核算公式为：成本 = 货物成本（进货成本 + 运输成本 + 破损成本 + 仓储成本）+第三方平台成本（平台年费 + 广告费 + 服务费等）+网站运营成本（网站搭建成本 + 服务器租用费 + 推广费 + 运营人工费等）+物流成本（运输成本 + 搬运成本 + 报关费等）+售后维护成本（退换货物流成

本+破损费等）+其他费用。

3. 竞争对手分析

竞争对手也是定价可参考的重要要素，对竞争对手的数据分析要素包括竞争对手的价格水平、竞争对手的定价优势。例如，竞争对手的优势是产品独特还是营销能力强，又或者是生产成本或进货成本低。这里的竞争对手包括国内同行卖家、目标市场上的本土化卖家与其他国家的跨境电商卖家。只有全面分析来自不同地域的竞争对手，才能够准确掌握自身所处的竞争状况。

对竞争对手进行分析，并对比自己的实际情况，分析出自己可采取什么样的定价策略，才具有市场优势。假如通过对竞争对手分析后发现，自己比竞争对手有更好的营销能力，就不用在产品定价上太被动，就算定价比对手高，也可以借助自己的营销优势，推动销售。

4. 目标市场分析

对目标市场的分析，需要依靠市场大数据。分析要素包括：

目标市场的经济发展水平，也就是目标市场买家群体的消费能力大小。假如该市场的买家平均收入水平相对较高，说明消费能力也较强，对价格的敏感度较低，产品价格相对高也能够接受。

目标市场买家的消费理念。了解买家是对产品价格还是品质更在意。如果是更注重产品品质，那么只要产品品质能够满足他们的期望，就算价格高一些，他们也可以接受。

分析市场上的替代品情况。如果在该市场上替代品很少，买家不容易购买到，那么他们对产品价格也不会太在意。

4.3.2 巧用定价策略：有的放矢

定价前期分析为最终定价提供了重要的决策参考，特别是成本分析与核算。综合上面的分析，以及自己设定的盈利点，可以为产品定一个较为合理的价格。但有的时候卖家想通过价格来达到某种效果，比如引流，或者实现利润大增等，就要基于前面的分析，配合使用不同的定价策略。

1. 引流定价策略

引流定价策略，适合那些新店铺、新网站，或者有新产品进入市场的跨境电商企业。引流定价一般是将产品价格设定得较低，有可能会造成自己暂时性亏损。以低价来吸引客户到自己的店铺或网站上，一方面是出于流量积累考虑，另一方面则是大面积曝光产品与品牌。等到店铺与网站有较高较稳定的流量之后，再把价格调整回盈利状态。

引流定价的产品价格并不是越低越好，必须综合考虑引流目的与亏损程度，考虑在达到引流效果的同时，把亏损范围控制在最低。一个可以借鉴的引流定价办法是：如果你是入驻第三方平台的卖家，可以在平台上查找大概 10 家的国内同行卖家，计算出同类产品的价格平均值，然后将产品定价为平均价格的 85% 。这个价格可能会让你暂时性亏损，但这个价格配合良好的营销策略，很容易为店铺引入较大的流量。

当然，这只是一个办法，具体的价格还得综合考虑其他竞争对手产品的价格。例如目标市场本土化电商与其他国家的跨境电商，与他们的产品价格相比，中国制造具有成本优势。因此，中国的跨境电商企业，要根据目标市场的具体情况使用引流定价策略。

2. 保守定价策略

保守定价策略，适合竞争力处于中等水平的产品，也适合常规性产品的定价。保守定价是保证在盈利的情况下，为产品设定一个不高不低的价格。那么，这个价格的利润率在多少合适呢？其实没有太确切的利润点，要看你是自营独立站，还是入驻第三方平台。

如果是自营独立站，定价最好依据自己能够接受的最低利润点来定，也就是：总成本 + 所能承受的最低利润。

如果是入驻第三方平台，要根据平台内该行业卖家的平均利润率水平来定。比如速卖通，利润率一般在15%—20%之间，属于较低的水平。

3. 盈利定价策略

盈利定价策略，是指产品价格的盈利点比行业内的平均盈利点高，属于具有较高盈利水平的价格。不过该策略并不是想用就能用，对产品本身的特性，以及卖家各方面能力的要求相对较高。具体体现在以下几个方面：

产品的独特性较高：产品在功能、外观或属性等方面，具有别的产品无可比拟的特点。

产品具有很强的消费节点特性：比如特属圣诞节、情人节、万圣节等节日才消费的产品，这些产品有特殊性功能和价值，具有比较强的溢价能力。

卖家所进入的市场竞争较小：竞争较小的市场属于卖方市场，卖家占据优势。

卖家具有较强的营销能力：价格低的产品，如果没人知道也白搭。价格高的产品，如果配合很强的营销策略，也可以成功推销出去。

卖家在进货渠道方面具有优势：例如，能拿到与同行相比质量无差异但成本较低的货源；对于热销品，具有比同行更稳定的供货渠道等。

4.3.3 实践数据分析：指导调整优化定价策略

产品定价之后并不是一成不变的，起初看似合理的价格，因为市场的变化也会变得不合理；或者经过一段时间的销售实践之后，发现这个价格并不能达到预期的效果，因此要进行价格的调整。

价格的调整要充分利用市场变化数据、店铺销售情况数据等做分析，一方面洞察市场行情变化，另一方面掌握之前的价格对销售业绩的影响情况，通过直观的数据分析结果，对产品价格进行科学的调整，不断优化进步，做好跨境电商。

4.4　平台策略

4.4.1　第三方平台之间的差异

第三方平台之间的 PK

平台名称	平台模式	主攻市场	平台优势
阿里巴巴	B2B	全球市场	完善的功能和简单的操作，满足中小企业的技术缺陷，出口通为中小企业拓展国际贸易提供出口营销推广服务
环球资源	B2B	亚洲市场	多渠道 B2B 媒体公司，通过一系列英文媒体，促进亚洲各国的出口贸易
中国制造	B2B	全球市场	中国制造（Made in China）是世界上认知度最高的标签之一，利用互联网将中国制造的产品介绍给全球采购商
敦煌网	B2B	欧美市场	有非常深厚的运营基础，针对小 B 类客户，重点运营小额外贸
速卖通	B2C	新兴市场	B2B 与 B2C 业务的大规模卖家资源以及较为完善的支付体系为其提供重要支撑
亚马逊	B2C	欧美日市场	在全球拥有覆盖面最广的消费者规模，物流体系较强
Wish	B2C	欧美市场	基于移动互联网的免费平台，流量持续高速增长
eBay	B2C	欧美市场	拥有全球化的平台体系与支付工具 Paypal，在欧美市场基础深厚

与上面这些第三方平台模式不同的是独立跨境电商 B2B 模式，典型代表是极赛 JiSale，一个兼顾第三方平台与独立站的平台。极赛是国内首家独立跨

境电商 B2B 外贸营销平台，推崇“跨境电商独立才是王道”的理念，为跨境电商企业的外文网站独立引流。

独立跨境电商 B2B

平台名称	模式	主攻市场	平台优势
极赛	独立 B2B	蓝海市场	独立才是王道，利用大数据为中国出口企业挖掘蓝海市场，实现精准营销。

4.4.2 第三方平台与独立网站 PK

1. 第三方平台优势：

生态资源：第三方平台整合上下游资源，能够利用自身的生态圈资源，为跨境电商企业弥补自身资源不足的缺陷。

平台流量：第三方平台聚集了大量的买家资源，对跨境电商企业来说，是进入了一个自带流量的贸易圈。

服务体系：第三方平台在资金、支付、报关等环节能够为跨境电商企业提供比较完善的服务体系。

物流服务：部分第三方平台凭借自身的实力，能够自建物流，或者布局海外仓；而部分第三方平台能够整合各方物流供应商、海外仓等资源。这些都是跨境电商企业可充分利用的优势，能够提高买家的物流体验。

2. 第三方平台劣势：

红海市场：第三方平台都有自己的市场定向，随着跨境电商企业的不断增多，出现红海市场，出口生意变得难做。

运营技巧悬殊：第三方平台上跨境电商企业众多，企业之间水平参差不齐，在运营方面实力不一，运营能力弱的企业，很容易被运营能力强的企业打压下去。

同行恶性竞争激烈：第三方平台上跨境电商企业之间竞争激烈，同行之间模仿的现象严重，谁也不肯让谁，恶性竞争导致大家的业绩很难提升。

价格透明利润空间小：第三方平台上价格公开透明，比价严重，价格战变得异常激烈，大家竞相降价以博取订单，导致利润空间越来越小。

平台上产品质量下降：第三方平台上竞争、价格战激烈，导致利润的下降，而跨境电商企业又不可能做亏本生意，因此只能在产品质量上打折扣来控制成本，如此恶性循环，导致质量不断降低。

受限于平台难以创新：第三方平台规则比较多，应对这些规则，跨境电商企业处于比较被动的地位，很难在营销方面有所创新；激烈的竞争，利润低，产品、营销方式等容易被模仿，导致跨境电商企业缺少进行产品创新的动力，创新越低，竞争能力就变得越低。

3. 独立站优势

蓝海市场独立引流：独立站可以根据自己的产品优势，结合大数据分析选择理想的蓝海市场，避开红海市场激烈的竞争以及无效广告，独立自主获取优质的流量资源。

拥有主动定价权：独立站的价格是根据自己产品的成本和预期利润点设定，不会过多地被竞争对手的压价行为影响，能够在产品定价上很好地平衡成本与利润之间的关系。

提升企业利润：经营独立站的跨境电商企业，没有深陷在企业之间靠比价来争夺客户的环境里，能够以具有一定利润空间的价格出售商品，保证较高的利润水平。

提升品牌差异化：跨境电商企业能够根据产品特性、品牌特色，打造网站风格，并进行个性化营销推广，塑造独特的品牌形象。

提升产品口碑：远离以降低产品质量来控制成本的恶性竞争，跨境电商企业能够在保证较高盈利水平的基础上，做好产品质量，树立良好的产品口碑。

独立站更具创新：独立站有利于数据的收集，根据市场需求进行创新。此外，独立站自主性较强，针对产品，以及产品宣传、展示、营销等方面，可以根据自己的特色与消费个性化需求进行合理创新。

4. 独立站劣势

对团队要求高：独立站的营销推广、网站维护等都依靠跨境电商企业自身，因此对团队的要求比较高；另外，很多跨境电商企业专注的是外贸业务，在营销推广、网站运营方面的团队能力比较欠缺。

缺乏资源整合能力：跨境电商中小企业在资源以及资源整合能力方面比不上第三方平台，没有庞大的客户流量群体，缺乏全面、有效的市场数据资源，在物流、仓储方面的资源整合能力也比较差。

缺乏市场数据：经营独立站，跨境电商企业缺乏丰富的市场大数据。不过这并不是不可以弥补的短处，可以借助第三方数据统计工具，如赢搜 Winsog，并且加强企业自身的数据资源收集、运用意识，充分运用独立站积累的数据资源。

4.4.3 选择最适合自己的平台

独立站与第三方平台，对跨境电商企业来说，各有优势与劣势。选择与自己市场定位、产品优势相符合的平台，是跨境电商运营成功的重要一环。

经营独立站还是入驻第三方平台，跨境电商企业不仅仅要从自身所面向的市场方面考虑，还要从所面向市场的买家群体性质方面考虑，也就是需要考虑面向 B 端客户还是 C 端客户，此外，还应结合长远的发展观来综合考虑。

例如，从市场的角度看，要考虑自己的产品在哪些市场具有优势，比如亚马逊市场定位是欧美日地区，假如你的产品在新兴市场比较具有优势，亚马逊可能并不是很好的选择；假如你的产品在新兴市场比较具有优势，但做的是 B2B 业务，而速卖通虽然主攻新兴市场，但模式是 B2C，因此也不是一个好选择。面对这样的情况，跨境电商企业可以选择经营独立站，因为独立站可以根据目标市场与产品优势设计网站，更切合市场需求，也可以灵活选择运营模式。至于独立站缺乏市场数据，以及营销技巧的问题，跨境电商企业可以借助外部资源，例如借助跨境营销服务商的资源优势；在数据资源方面，跨境电商企业除了借助外部的数据资源外，还可以构建自己的数据库，现在很多第三方建站商都能够为网站搭建后台数据收集分析系统。通过内外部资源的结合，弥补自己的营销弱点与市场数据缺乏的短处。

4.5 品牌策略

4.5.1 跨境电商为什么要做品牌

要想走更远的路，就必须做品牌。品牌的优势就在于长远经营，即一个产品一直能被消费者所知道，产品质量一直能被消费者所称道，消费者从慢慢知道这个品牌的价值与内涵，到认可与接受这个品牌。

人人都在喊消费升级了，究竟是升级了什么？消费升级了，不仅仅是人们消费观念的升级，更加注重品质消费，言外之意也在暗示着商家也应该升级了，有品牌的升级品牌，没品牌的做好品牌。

80后的顾先生，经营服装出口生意，一直以B2B模式做服装出口批发。早前他的服装批发没有固定的品牌，规模也很小，一直以“批发各类品牌服装”为业务的定位，也就是客户说需要一批什么牌子的服装，他就去找什么牌子的服装货源。其实大部分都是仿牌的，要么是拿A级仿品，要么是直接拿真品找工厂仿着生产样品，寄给客户，客户满意就生产出来，生意还算可以。仿品毕竟是仿品，近两年，顾先生觉得这条路很难继续走下去了，一方面因为仿品被处罚过，另一方面据他的客户反映，现在海外的消费者已经特别注重品牌了，就算再高级的仿品，也已经不那么受消费者欢迎了。毕竟做了这么多年的服装生意，顾先生手上还是有很多服装生产商的资源的，国内很多工厂都是单纯做服装加工生产而没有做自己的品牌。于是，顾先生与一家服装厂商定下合作，自己聘请设计师，然后让工厂打板生产出来，最后贴上自己申请的品牌商标再销出去。有了自己的品牌，顾先生借助第三方海外市场数据分析工具，对市场进行全面的分析，确定目标市场进行营销推广，并结合自己多年的客户开发经验开发新客户。慢慢地，顾先生的服装品牌被越来越多的客户知道并认可，销量渐渐提升。

做品牌，就是做差异化，跨境电商可以以此来展示自己的独特价值，也是给消费者一个为什么选你的理由。

4.5.2　大数据分析市场　定位俘获人心的品牌

品牌是买家用以区别于其他品牌的一个重要标识，要让买家快速地把你的品牌与其他品牌区别开来，品牌就必须有自己的独特之处。因此，品牌的定位，就是要定位出自己的特别之处，包括品牌名称、品牌标识、品牌目标消费群、品牌价值观、品牌故事等。

在做品牌定位之前，必须借助市场大数据分析下面这些问题：

a. 目前的市场，领导品牌与竞争对手的市场份额怎么样？

b. 消费者在同类产品，或可替代产品身上有哪些满足不了的需求？

c. 我的品牌如何满足消费者所期望的消费需求？

d. 目前市场上还有什么是自己能够快速切入的缺口，而自己的品牌又能去弥补的？

e. 市场上消费者对新品牌或小品牌突然崛起的接受度怎么样？

品牌定位并不是单纯依据自己产品的特色去定位，而是结合消费者未能满足的需求，定位出自己的独特优势。借助市场大数据去认知消费者，才能定位出真正能够赢得消费者芳心的品牌主张。

上海大众斯柯达 New Fabia 全新晶锐利用大数据驱动定位品牌主张，通过行业消费者大数据分析体系，分析两年时间里在中文互联网上，所有和汽车相关的超过 2 亿个网页的公开讨论内容，从中提取含有情感表达的讨论内容，经过筛选分析提炼受众心理诉求关键词“快乐”，最终定位了品牌的价值主张：一切为了快乐。然后以最快乐的方式，推送用户最感兴趣的品牌内容，引起消费者内心最深层的情感共鸣，并以一系列的网络活动营造快乐的品牌体验。

4.5.3　品牌化战略

1. 第一战略

以成为行业第一为品牌定位，要做就做第一，要做就做最好。第一战略，并不是普遍适用性的品牌战略。第一品牌战略，虽然不能保证后无来者，但必须保证前无古人。无论是第一家，还是第一大，都应该是在同行业内还没有被市场认可为第一，而且是自己有能力成为第一的前提下谨慎做出的定位。

例如，香港一家垂直时尚跨境电商企业，其定位是成为全球最大的在线纽扣商店。它以品类丰富，数量多，类型全面，大小、形状个性化设计，成本低等特点，成了消费者认可的第一。

2. 对立面战略

对立面战略，就是走与别人相反的道路，以对立的独特点来吸引消费者。例如，无印良品走极简的风格，去除一切不必要的加工和颜色，简单到只剩下素材和功能本身，在所有无印良品商品上，顾客很难找到其品牌标记。

与其他大多数品牌把商标体现在产品身上不一样，无印良品甚至拿掉商标，追求极简的设计，走相反的品牌战略道路。

3. 性价比战略

走性价比战略，就是使产品性能与价格之间达到最优化。例如，名创优品宣称要为全球消费者提供真正“优质、创意、低价”的产品，让消费者用低成本去获得优质、创意的品质生活。

注重品质对品牌的真正价值，但同时在生活和改善生活的物品间维持合理的平衡，性价比战略，是目前很多企业获取客户的重要策略。

4. 工艺战略

工艺战略，是品牌产品以独特的工艺打造而成，是其他一切品牌所不能及的，制作工艺属于品牌的优势。工艺战略其实也不具有普遍适用性，因为具有独特工艺的跨境电商企业并不多。

例如，国内某家纺品牌，以精湛的工艺，专注生产豪华型桌布、桌旗、靠垫、沙发垫、椅垫、抱枕、腰枕等整套家纺系列，产品质量高、款式新颖、贵丽高雅、舒适实用，远销中东、欧美等地区。

5. 品质战略

品质战略，就是品牌产品以品质作为切入点，打造高品质化产品，以优良的品质赢取消费者的心，具有普遍适用性。

6. 个性化战略

个性化战略，要求企业具有很强的创新能力，例如，能够巧妙地将中西方文化元素结合起来，即符合外国人的品味，在必要的时候，又能够突出中国的特色。在保持品牌理念与价值观长期相对稳定的前提下，产品能够以个性化的姿态不断革新，推陈出新。

上面这些品牌战略各有特色，是跨境电商企业可以借鉴的品牌化战略。但无论何种战略，都要建立在对市场与消费者充分了解的基础上，通过数据驱动深入挖掘市场价值信息、消费者的内心诉求，定位出能够走进消费者内心深处的品牌。品牌战略是一个长期的战略，需要企业付出时间与精力去制定与沉淀。

4.6 推广策略

4.6.1 数据分析探测目标市场推广环境

市场分析是对市场规模大小、容量大小、商机大小、竞争程度、地理位置、消费群体等这些数据进行研究分析，主要目的在于研究预测具体产品在该市场上的销量及需求情况、地区之间的需求差异，以及季节性变化，安排好产品推广力度在各区域的分配以及时间调配，实现产品在目标市场精准营销，提高产品在该市场的占有率，增加企业的利润率。

对跨境电商企业而言，要想把某一产品在某一目标市场进行推广营销，必须首先分析该市场是否是产品的蓝海市场，其次对市场的推广环境进行分析。

1. 如何分析一个市场是否是某产品的蓝海市场？

要判断一个市场是否是蓝海市场，就要分析目标市场的市场容量大小，以及竞争大小，并综合市场容量、竞争大小判断市场的商机大小，商机越大，说明这个市场越是蓝海市场。

那么，对中小型跨境电商企业而言，要获取一个市场对某一产品的容量，以及市场的竞争大小谈何容易，因为没有市场数据资源，更没有市场调研以及数据收集、分析能力。其实，前面就提到了基于 Google、Bing、Yandex 搜索引擎大数据的免费工具“赢搜 Winsog. com”，只要在其页面的搜索框输入产品关键词，并指定要分析的市场区域，就可以获取该产品在指定市场的有关市场数据。这能够很好地改变中小跨境电商企业在数据整合与分析能力方面欠缺的尴尬处境。

2. 如何分析一个市场的推广环境？

分析一个市场的推广环境，主要的目的就是要知道在该市场上具体要怎么进行推广，包括时间、地点、渠道、方式等。因此，分析一个市场的推广环境主要包含以下这些方面的数据信息：

客户通过哪些渠道认识你的品牌；

客户发现你的品牌产品的渠道占比情况；

客户购买行为分析，在各上网设备上搜索产品的比例情况；

产品的季节性搜索量变化情况，即季节性需求情况；

产品在该市场上的细分区域需求情况。

…………

上面这些数据信息，对推广决策的制定与执行具有非常重要的指导意义。只有对推广环境进行数据分析，跨境电商企业才能制定精准的推广策略，主要体现为在各渠道、设备、季节节点等的广告投放安排。

4.6.2　案例解析：数据主导推广策略的制定与执行

以一个跨境电商 B2B 企业 2017 年 9 月份在新兴市场进行电动剃须刀推广的案例，解析该企业如何通过数据主导制定与执行在新兴市场的推广策略。

产品：电动剃须刀（Electric shaver）

目标区域：新兴市场

第一步：确定目标推广市场

通过赢搜 Winsog. com 工具，对新兴市场进行了分析。大数据的分析结果显示，电动剃须刀在新兴市场最具潜力的市场是俄罗斯。

俄罗斯对电动剃须刀的市场容量即需求量在新兴市场国家中最高，竞争程度却很小，因此商机最大，市场潜力排在第一；而印度、土耳其市场对电动剃须刀的需求量在新兴市场国家中也排在前面，只是竞争比俄罗斯市场大。综合这些情况，这家跨境电商 B2B 企业最终把目标市场锁定在俄罗斯。

数据来源：赢搜 winsog. com

第二步：对推广环境进行分析

各国之间国情有差异，要实现精准营销推广，必须针对俄罗斯市场进行具体的分析。数据显示：

俄罗斯网民获取信息的来源

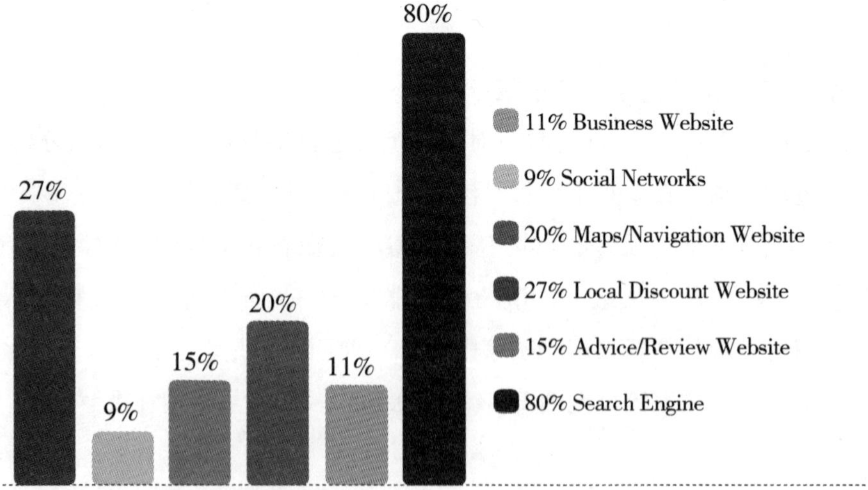

数据来源：Google 消费者晴雨表

80% 的俄罗斯消费者通过搜索引擎获取信息；

27% 的俄罗斯消费者通过本地折扣网站获取信息；

20% 的俄罗斯消费者通过地图/导航网站获取信息；

15% 的俄罗斯消费者通过咨询网站获取信息；

11% 的俄罗斯消费者通过商业网站获取信息；

9% 的俄罗斯消费者通过社交网络获取信息。

俄罗斯市场对电动剃须刀搜索量的季节变化情况

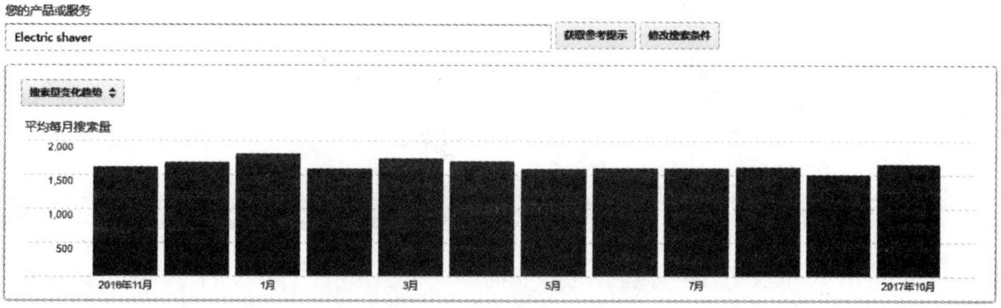

数据来源：极赛独立精准王

根据数据统计分析可知，在过去 12 个月，俄罗斯地区对电动剃须刀的需求没有明显的季节性差异。

俄罗斯市场对电动剃须刀在移动设备上的搜索量变化情况

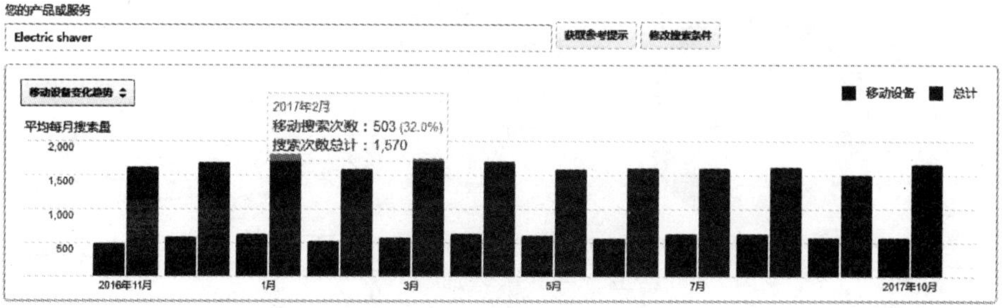

数据来源：极赛独立精准王

数据显示，在俄罗斯市场，买家对电动剃须刀的搜索，在移动设备上的搜索量变化情况与总搜索量的变化情况一致，没有明显的季节性差异。

俄罗斯市场对电动剃须刀的搜索渠道占比情况

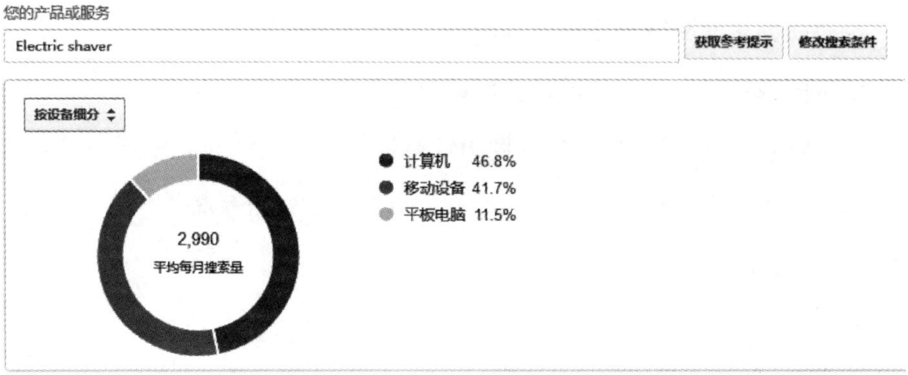

数据来源：极赛独立精准王

数据显示，俄罗斯消费者对电动剃须刀的搜索主要在计算机上进行，占46.8%，其次是移动设备，占41.7%，第三是平板电脑，占11.5%。

俄罗斯市场对电动剃须刀需求的区域分布情况

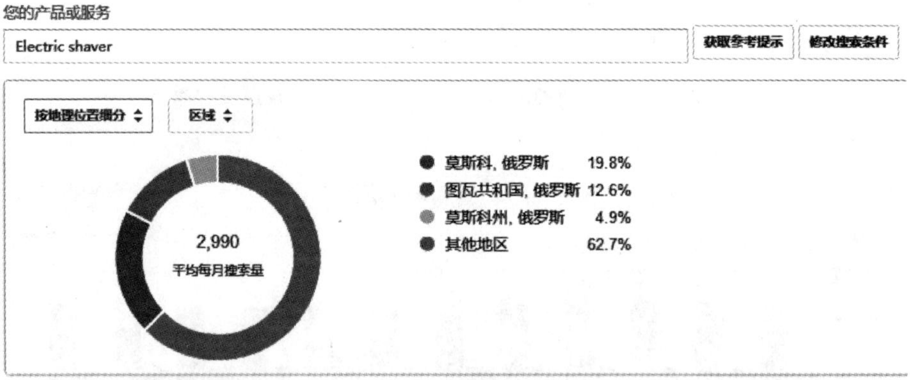

数据来源：极赛独立精准王

据数据统计，莫斯科是电动剃须刀的第一大消费区，占19.8%；

图瓦共和国是第二大消费区，占12.6%；

莫斯科州是第三大消费区，占4.9%；

其他地区消费总占比为62.7%。

第三步：制定推广策略

根据第二步对电动剃须刀在俄罗斯市场的推广环境进行分析可以得出：

搜索引擎是俄罗斯消费者获取电动剃须刀信息的第一大来源，占80%；

在俄罗斯，电动剃须刀没有需求旺季，每个季节的需求情况相当；

计算机，即PC端是俄罗斯买家搜索电动剃须刀的主要渠道，其次是移动设备，但两者相差不大；

莫斯科是电动剃须刀的第一大需求区，占19.8%；

图瓦共和国是第二大消费区，占12.6%；

莫斯科州是第三大消费区，占4.9%；

其他地区消费总占比为62.7%。

电动剃须刀在俄罗斯市场的推广策略	
推广形式	搜索引擎广告
推广内容	企业独立B2B网站
渠道选择	侧重PC端搜索引擎广告推广，配合使用移动端与平板电脑端搜索引擎广告推广
时间策略	制定全年推广策略，在预算上，各季节的广告推广费相同
区域策略	按各区域的消费需求量情况分配推广，着重推广区域为莫斯科，第二是图瓦共和国，第三是莫斯科州，其他区域采取同样大小的推广力度

4.7 支付策略

4.7.1 合理选择跨境支付方式

1. 电汇（Telegraphic Transfer，T/T）

电汇是汇款人先将要支付的款交存给汇款银行，汇款银行通过电报或电传给目的地分行或代理行（汇入行），指示汇入行向收款人支付一定金额的一种汇款方式。

电汇是跨境贸易中运用得比较多的支付方式。电汇需时不仅与选择的银行有关，同行电汇就快些，不同行电汇就慢些；也与汇款路线有关，中间经过的银行越少越快，经过的银行越多就越慢。

电汇支付方式收取的手续费分为三部分。第一部分是汇款行手续费，可以是付款人单独支付，也可以从汇款金额中扣取；第二部分是中转行手续费，直接从汇款金额中扣取；第三部分是收款行手续费，直接从汇款金额中扣取。

跨境电商使用电汇的支付方式收取客户的货款时，建议收到 DEBIT NOTE（水单），交给财务确认钱已入账后，再安排后面的事项，比如把原始票据寄给客户、安排发货等，避免不必要的风险发生。

2. 西联汇款（Westen Union）

西联汇款（Westen Union）是世界上领先的国际性特快汇款公司，成立于1851 年，已有 160 多年的历史，是美国财富 500 强之一的第一数据公司（FDC）的子公司，拥有全球最先进的电子汇兑金融网络，代理网点遍布全球近 200 个国家和地区。

西联汇款在中国的合作伙伴有：中国农业银行、中国邮政储蓄银行、中国光大银行、浙江稠州商业银行、吉林银行、福建海峡银行、中国建设银行、哈尔滨银行、温州银行、烟台银行、龙江银行、徽商银行、浦发银行。

西联汇款的一大特点是：需时 15 分钟左右。

汇款前，卖家要向买家提供的信息是：收款人姓名（First name、Last name，写反是取不到钱的）、收款人地址、收款人电话。不需要银行账号。

汇款后，买家要向卖家提供的信息是：汇款人姓名（First name、Last name，写反了也取不到钱）、收款人姓名、监控号 MTCN（一串号码）、汇款人国家、汇款币种和金额。

卖家取钱流程：持身份证，以及买家提供的信息，特别是监控号 MTCN，到能够办理西联业务的银行，办理取款。手续费是付款方支付，不同国家的收费标准不一样。

3. 速汇金（MoneyGram）

速汇金是一种个人间的环球快速汇款业务，具有快捷便利的特点，可在十余分钟内完成由汇款人到收款人的汇款过程，与西联汇款相似。2017 年 1 月 26 日，速汇金被蚂蚁金服以 8.8 亿美元并购。

速汇金汇款不走银行通道，走的是速汇金的汇款通道。速汇金与我国的多家银行合作，国内主要代理银行有：中国银行、中国工商银行、中国交通银行、中国中信银行。

使用速汇金的支付方式，跨境电商卖家（限个人）到与速汇金有合作的银行取款，除了需要提供本人身份证外，还需要提供的信息有：汇款人姓名（First name、Last name）、汇款金额（具体到小数点后两位）、汇款国家、8 位数的监控码。

4. 第三方支付方式

第三方支付方式是借助第三方支付平台，现在一般是第三方网络支付平台，实现跨境卖家与买家之间的快捷收付款交易。

第三方支付平台的代表主要有：国际版支付宝（ESCROW SERVICE）、贝宝（PayPal）。

（1）国际版支付宝（ESCROW SERVICE）

国际版支付宝，是阿里巴巴国际站与支付宝联合为国际买卖双方全新打造的在线支付工具。支付宝采用买家先确认收货，后付款给卖家的模式，这就很大限度上降低了客户对支付安全的顾虑。

使用国际版支付宝的跨境买家卖家双方的交易流程如下：

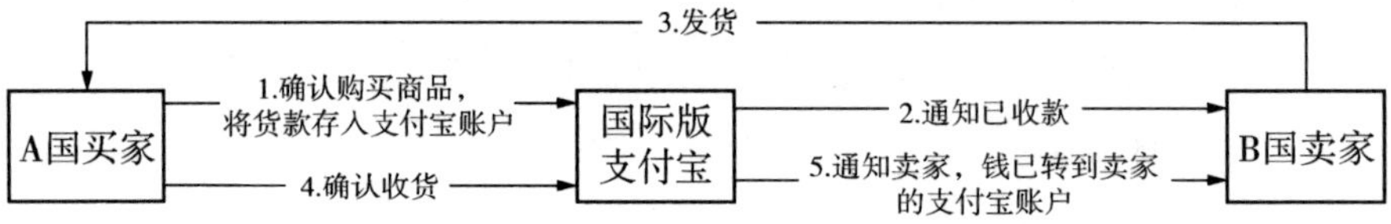

国际版支付宝支付方式目前在国际上的接受度还不高，主要还是应用在阿里巴巴的速卖通平台上。对于国际版支付宝支付方式，建议用在小额交易上。

（2）贝宝（PayPal）

贝宝：中国版，只能让中国用户收付款；PayPal：国际版，允许在55个国家和地区进行收付款。类似于支付宝的国内版与国际版。

PayPal是一个国际性的在线支付工具，具有方便、快捷的特点。以邮件来标识身份的用户之间转移资金，只需要一个邮箱去注册，就能够免费开户。目前有190个市场和6种货币使用PayPal，国外买家使用率达80%以上，买家覆盖面广，尤其是欧美地区买家。

建议跨境电商卖家在小额支付上使用PayPal，因为PayPal类似于支付宝，偏向于维护买家的权益，PayPal买家有什么问题是可以直接向PayPal投诉的。因此，在大金额交易上，卖家要谨慎选择。

5. 信用卡支付

信用卡支付是一种非现金交易付款的方式，是简单的信贷服务。信用卡支付方式在欧洲和美国比较普遍。跨境电子商务平台只要与VISA和MASTER

CARD 合作，就可以用信用卡支付。由于信用卡与个人的真实资料建立联系，所以，这是一种非常安全的支付方式。

不过，对跨境电商卖家来说，接受信用卡的支付方式，也有一定的风险，一方面的风险来自于买家的退单而造成的损失，另一方面的风险来自于恶意的信用卡诈骗行为。此外，由于现在的银行系统体系，或者是黑卡库等信息的完善与共享，如果遇到黑卡或者是盗卡，支付就被系统拒绝，订单就会失败，跨境电商卖家也可能遭受损失。

所以，如果跨境电商卖家承担风险的能力比较弱，建议少接受或不接受信用卡支付方式。

6. 比特币支付

比特币是一种 P2P 形式的数字货币。比特币的概念最早在 2009 年由中本聪提出。比特币支付可以实现点对点的快速支付，不需要任何中间第三方银行或机构，基于区块链技术的完全去中心化的支付系统，是一种非常安全的支付方式。

美国的在线零售企业 Overstock，早在 2014 年就接受比特币支付，成为首家接受比特币的大型网络零售商；2014 年 9 月 9 日，美国电商巨头 eBay 宣布，该公司旗下支付处理子公司 Braintree 开始接受比特币支付；2017 年 7 月份，亚马逊也表示将接受比特币、莱特币等加密货币支付方式。在国内，大龙网是中国首家接入比特币的跨境电商网站，此外还有像火币网、矿妈妈网等一些比特币交易、相关产品评测的网站也相继建立起来。

类似于比特币，依靠区块链技术支撑的支付方式符合跨境收支付的特点，可以为跨境支付领域带来更好、更新颖、更安全、更快速的支付体验，未来可能会得到较大的发展。

4.7.2　大数据教你尊重区域支付习惯　畅快收付款

尊重区域支付习惯，实现畅快收付款，在大数据时代，这成为现实。商家通过大数据挖掘某个区域消费者的支付习惯，选择消费者能够接受的支付方式。大数据在支付领域的运用，更深一层次是通过人们的支付行为数据，判断一个人的信用度，实现买卖双方的快速决策。

然而，随着时间的推移，以及支撑支付的系统、技术、平台的发展变化，每个地区的支付习惯不会是一成不变的。就目前来看，跨境电商主流市场的支付习惯各地区差异较大，详细情况如下：

1. 欧美

欧美地区是全球领先的、发达的跨境电商市场之一，网上购物的比例很高，欧美国家的消费者对各种在线支付方式也很熟悉。使用的在线支付方式有 PayPal、信用卡、电话支付、邮件支付等。

不过，对欧美消费者来说，使用最广泛的支付方式是 PayPal。欧美消费者在支付方面有一个非常明显的特点，就是使用信用卡在线支付的比例非常高，这和欧美地区完善的诚信体系有关。

在信用卡支付方面，欧美地区除了使用国际性维萨（Visa）、万事达（Master-Card）信用卡外，还会使用本土化的信用卡。例如，美国人还会使用美国运通（American Express）支持 79 种货币；大来卡（Diners）支持 16 种货币。在欧洲，英国人还会使用 Maestro、Solo，爱尔兰人还会使用 Laser，法国人还会使用 Carte Bleue，丹麦人还会使用 Dankort，西班牙人还会使用 4B，意大利人还会使用 CartaSi 等。

2. 俄罗斯

俄罗斯是一个具有很大潜力的新兴市场，近年来与我国的贸易往来也在不断加强。以新兴市场作为主攻市场的速卖通，俄罗斯就是其主要市场，所以，在跨境支付方面，俄罗斯人使用国际版支付宝的比例非常高。

俄罗斯人其实比较喜欢现金支付方式，所以俄罗斯当地的跨境电商平台经常使用货到付款的方式。在俄罗斯本土支付市场上，排名前四的支付方式分别是 Yandex 支付、Webmoney、Qiwi、PayPal。银行在线支付，以及电子钱包支付的比例也比较高。

3. 日韩

日本人最常用的支付方式是信用卡支付以及手机支付。日本人使用的信用卡除了本地的 JCB 卡，几乎每人都有一张维萨（Visa）、万事达卡（MasterCard）。手机支付方面，有索尼联合 Renesas 和 Toshiba 提供内置在支付手机中的 FeliCa 芯片，芯片植入用户身份信息和支付数据，实现手机支付。此外，由于亚马逊是日本主要的跨境电商平台之一，因此日本人还会使用亚马逊主流的支付方式 PayPal。值得一提的是，国际版支付宝在日本的使用率也很高。

韩国虽然网上购物市场发达，但在线支付方式较为封闭，一般只提供韩国国内银行的银行卡进行网上支付。有不少人使用 PayPal，但不是主流。另外，支付宝在韩国市场的影响力不小，早在 2014 年支付宝就与韩国银行合作，开拓跨境购市场。

4. 东南亚

东南亚地区，PayPal 等主流支付方式占主导。一个有趣的现象是，在东南亚，有一部分人会因为没有自己喜欢的支付方式而放弃购物车里的商品，所以很多东南亚跨境电商平台不得不选择货到付款的方式。

东南亚持信用卡的人数虽然不断增加，但信用卡支付方式的普及率还相当低。由于阿里巴巴速卖通在积极开拓东南亚市场，并且已和东南亚的电子钱包供应商 DOKU 合作，国际版支付宝在东南亚的影响力不断增强。

4.8 物流策略

4.8.1 跨境物流痛点：亟待大数据参与优化

虽然跨境电商整体上在快速发展，各方面的设施、服务、信息体系不断完善，但跨境物流一直是制约着跨境电商发展的一大障碍，尽管物流解决方案在不断完善，就目前来看，还是不够理想，跨境物流仍然存在诸多痛点，亟待大数据与跨境物流能够深度融合，为跨境电商提供更高效、更普惠的物流解决方案。

1. 成本高

跨境物流成本包括货物运输到海外的成本，以及客户不满意后的退货成本。与国内物流不同，国际物流运费很高，特别是对于小包裹物件，物流成本比商品总价值还高。如果遇上国外买家收到商品后，对商品不满意要求退换货，还可能要多承担退换货的物流成本。

2. 时间长

物流运送时长受所选物流模式的效率，以及目的国距离的影响。

例如，速卖通一个包裹送到俄罗斯的时长在30—60天，也就是买家在速卖通购买商品后，要大约1个月后才能收到商品；使用专线物流，把商品运送到俄罗斯、巴西等地，时长为16—35天；而使用中邮小包裹将商品送到俄罗斯、巴西等地，时长为40—90天。

因此，同一个目的地，虽然选择不同的物流模式所使用的时长不一样，但最快也要半个月以上，在讲究效率与消费者更加注重物流体验的需求状况下，物流时长在极大地考验着国外买家的耐心，影响客户的购物体验，也对跨境电商的发展产生非常大的发展障碍。

3. 追踪难

购买商品后，对商品的期待以及每天进行物流进程查询，是消费者的普遍心理以及行为表现。然而就目前的跨境物流状况来看，很多商品包裹出境后就无法追踪了，或是物流信息更新滞后。物流无法追踪让买家，甚至是跨境电商卖家产生焦虑的心理，怀疑包裹在运输过程中是否丢包了；而物流信息滞后，让买家误以为物流效率与卖家告知的不符，对卖家产生不信任感。

4. 破损、丢包率高

在跨境物流中，有不少卖家经常遭遇包裹破损或者丢包的情况。商品从卖家仓库发出到客户签收，在这个时间漫长、路途遥远的过程中，包裹会经过多次的转运，转运次数越多，发生破损或丢失的可能性越大。包裹破损或丢失，不仅仅是降低了客户的购物体验，也会对后续的合作产生不良的影响，卖家还要承担商品破损或丢失的损失。

5. 清关障碍

一件商品从卖家手中到买家手中，需要经历两次海关关卡，一次是本国出境海关，一次是目的国入境海关。商品在本国出境海关遇到障碍，处理还比较简单。最棘手的是在目的国入境海关遇到问题，想处理也很困难。

一般情况下，商品在目的国入境海关遇到障碍的主要原因有：知识产权问题；商品报价与实际价格相差悬殊；没有取得相关产品认证；贸易壁垒问题。

商品在目的国入境海关被扣留，一般会有三种结果：直接没收；被退回发件地；要求卖家补全资料后放行。

4.8.2 大数据驱动下的物流新变革

2017年年中，物流界的大新闻如“顺丰菜鸟之争”，究竟争什么？争物流大数据控制权。在大数据时代，谁有了数据控制权，谁就有话语权。越来越多的企业开始深刻认识到大数据的价值，并积极将大数据运用到物流运送中。大数据引领着全球物流的新变革，物流运营正在从传统粗放式的管理向数据化、可视化的现代物流转型。

全球著名的邮递和物流集团DHL，正是应用了大数据加速了自身的响应速度，分析客户数据做精准服务，利用物流运输中实时反馈的数据，对车队进行全程监控，通过大数据研究分析调整配送策略，节省运输成本，根据GPS实时更新的数据向客户提供精准的取货信息。

联邦速递通过对大数据的有效运用，让包裹主动传递信息。利用感应器，对包裹所处的地点、温度、日照数据信息实时反馈，让客户能够随时随地了解包裹的实时状态。并且在客户允许的情况下，实时更新客户的地理位置信息，实现将包裹更快速、精准地送到客户的手中。

UPS基于大数据，实时分析车辆、包裹信息、用户喜好，以及送货路线数据，进行最优路径规划，并提出尽量靠右走的配送策略，实现包裹高效配送，节省运输车辆燃油成本。

物流问题一直是跨境电商发展的障碍，随着物流企业对大数据的重视与运用的深入，将能够为跨境电商企业提供更高效、更精准、更安全、更低成本，以及可视化、体验度更高的物流服务。

4.8.3 主流的跨境物流模式PK

近年来随着跨境电子商务的发展，相应的配套服务——物流的建设也在不断推进。有政府方面的投入与努力，如浙江的公共海外仓建设；也有商业性质的物流，如圆通、中通等逐渐加入到跨境物流。目前在跨境领域，主流的物流模式有：跨境快递如邮政包裹、国际快递巨头的跨境物流、中国快递公司的跨境物流、专线物流、海外仓。

主流的跨境物流模式 PK

物流模式	主要代表	优点	缺点
跨境快递	邮政包裹	网络覆盖全球，价格比较低	时效性有待提高和完善。破件、丢包率有待降低
国际快递巨头	DHL、TNT、FEDEX、UPS	自建全球网络，使用 IT 系统，散布全球各地的本地化服务，速度快	价格比较高，价格资费变化较大
中国快递公司	中通、申通、圆通、百世汇通、顺丰、EMS	速度较快，费用低于四大国际快递巨头，EMS 在中国境内的出关能力强	跨境业务方面的经验、覆盖范围，以及对市场的把控能力有待提高
专线物流	美国专线、欧洲专线、俄罗斯专线、澳洲专线	可大批量派送，比邮政包裹快，比国际快递便宜，丢包率比较低	国内揽货范围相对有限，覆盖地区有待扩大
海外仓	政府建立的海外仓、跨境电商平台建立的海外仓	本土化配送，时效性强，退换货灵活，丢包、破损率低	并不适用于所有商品，对卖家在供应链管理、库存管控、动销管理等方面要求高

4.8.4　如何选择合适的跨境物流及风险规避

1. 跳出跨境物流选择误区

误区一：想要好的物流效益与服务，就选择知名度高的物流公司

在物流好坏评判上，没有最好的，只有最合适的。选什么模式或者选择哪家物流公司，不能单纯依据知名度和口碑，还必须根据货物情况，比如货物的大小、多少，客户的速度要求与成本平衡，自身通关能力等方面综合考虑。

误区二：成本是主要考虑因素，丢包、破损等物流问题都是小概率事件，没有必要优化物流

简单地看，丢包、破损等物流问题确实是小概率事件，成本是重要的考虑因素。但只把物流成本作为物流选择的考虑因素，而不考虑物流给客户的体验问题，客户在糟糕的物流体验中渐渐流失，客户流失的代价远超过物流成本，结果只会得不偿失。

误区三：各家快递公司的物流服务都差不多

每一种物流模式、每一家快递公司各有各的优势与缺点，也有自己所专注的领域，在大数据资源与应用方面也存在着差异。因此，针对不同的货物情况、目的地，各家快递公司能提供的物流体验是不一样的。

2. 选择最合适的物流

对跨境电商企业来说，只有选择合适的跨境物流才是最好的。

（1）根据企业实力选择

如果企业有比较强的库存管理、供应链管理、动销管理能力，而且公司在某一个区域市场的占有率比较高，就可以选择海外仓模式，能够很好地提高物流体验。

（2）根据产品的特性选择

例如，大宗商品类的跨境电商 B2B 企业，可以根据目的国选择相应的专线物流、海外仓；珠宝首饰类的跨境电商企业，商品体积小、货值高，可以选择国际快递。

（3）根据客户的要求选择

有些产品的目标客户群是具有高消费能力的群体，要求跨境电商企业选择速度快的物流方式发货，为了能够最快收到货物，客户愿意付更贵的物流费。这种情况，卖家可以找国际快递或者顺丰快递，速度快，物流服务也相对较好。

（4）根据需求淡旺季选择

有些商品有需求淡季与旺季之分，有条件的跨境电商企业在旺季到来之前，可以提前把商品运到租用的海外仓，来应对时效性很强的采购需求；如果是淡季，卖家就可以考虑选择邮政小包裹，或者国际快递。

物流的选择要具体情况具体分析，选择物流时主要考虑的因素是：价格、速度、稳定性、安全性。价格可能是很多跨境电商企业选择物流时考虑的首要因素，但是价格的合适与否前提条件是：是否满足客户的需求。不能满足客户的需求，价格再低，最后可能需要付出更多的成本去修复与客户的关系。

3. 物流风险规避

（1）规避破损、丢包风险

尽量选择正规的货运代理商，而且要根据商品的属性做合理的包装，易碎品要加上目的国以及中转国相应语言的明显标识。对于价值比较高的商品，最好购买物流保险。

（2）规避海关扣留风险

了解清楚出口目的国对产品的相关要求，严格按照海关要求准备各种证书或票据，遵守出口目的国的法律法规。在申报商品品名时尽可能详细，客户要求低申报的，要保留好票据，避免事后客户以此为把柄，制造纠纷。

（3）规避转运途中的风险

转运次数越多，风险越大。不仅要在物流包装上下功夫，根据商品特性选择木质包装或者气柱形包装，减少转运中因搬运或移动商品而造成破损的概率。此外，尽量选择能够提供物流追踪的物流公司。

（4）规避航空安检通不过的风险

使用航运的物品，常会遇到通不过航空安检的问题。有人可能会很不解，又不是禁品，为什么也通不过安检?

航运对货物的检查要求比较高，只要是有危险可能的物品，安检都不会那么顺利通过。因此，如果商品存在危险的因素，商家要开具危险品证明，并送到航空公司备案；如果是电池类的产品需要做好 MSDS 证明。

跨境电商
营销

- 搜索引擎营销（SEM）
- 第三方平台营销
- 社交媒体营销
- 内容营销
- 视频、直播营销

5.1 搜索引擎营销（SEM）

5.1.1 搜索引擎营销的必要性、类型

1. 搜索引擎营销的必要性

搜索引擎营销（SEM），就是根据人们对搜索引擎的依赖和使用习惯，利用用户检索信息的机会，尽可能将营销信息传递给用户。

2017 互联网趋势报告显示：全球互联网用户数已超 34 亿，同比增长 10%，互联网全球渗透率达到 46%。畅游互联网，搜索引擎是人们获取信息的主要途径。

研究发现，大部分人在使用搜索引擎时，不会看第三页以下的搜索结果，这说明了信息在搜索结果前三页位置的重要性。此外，搜索引擎具有很强的针对性，只要输入关键词，就能够搜出与关键词相关的信息、网站等。

2. 主流搜索引擎营销

对跨境电商企业来说，主流的搜索引擎营销有：Google、Bing、Yandex 营销。

据 NetMarketShare 统计，2016 年 10 月—2017 年 8 月 PC 端全球搜索引擎市场份额数据显示：Google 排名第一，Bing 第二。

Google 一直是全球最大的搜索引擎，多年来占据着 75% 以上的市场份额，用户数最多，覆盖范围最广；Bing 是美国第二大搜索引擎，在美国每 3 个搜索请求就有 1 个使用的是 Bing 搜索，每月搜索请求达到 50 亿次，Bing 在拉丁美洲、欧洲、亚太地区都有用户；Yandex 是俄罗斯第一大搜索引擎。

全球搜索引擎市场份额

Month	Google	Google India	Bing	Baidu	Yhoo! Websites	Other
October,2016	22.36%	13.29%	8.40%	7.69%	5.51%	42.75%
November,2016	22.04%	12.43%	8.28%	7.54%	5.24%	44.47%
December,2016	21.67%	13.55%	7.96%	6.37%	5.03%	45.42%
January,2017	22.42%	14.50%	7.15%	5.59%	4.69%	45.65%
February,2017	23.42%	14.15%	6.92%	5.94%	4.53%	45.05%
March,2017	22.67%	12.86%	7.31%	9.13%	4.90%	44.14%
April,2017	23.82%	15.15%	7.13%	6.77%	4.25%	42.88%
May,2017	23.06%	13.23%	7.81%	6.71%	4.13%	44.05%
June,2017	21.42%	13.25%	7.31%	7.06%	3.90%	47.05%
July,2017	22.15%	13.67%	6.97%	5.82%	3.74%	47.65%
August,2017	22.08%	13.76%	7.04%	5.21%	3.56%	48.35%

数据来源：NetMarketShare

5. 1. 2　搜索引擎大数据：用户想看的才出现

每一个上网的人，都离不开搜索引擎，搜索引擎是人们获取信息的主要渠道，每一次、每一个人使用搜索引擎搜索信息的行为，都成为搜索引擎大数据资源。搜索引擎掌握着大部分网民的搜索习惯，通过搜索行为数据研究分析，可以让广告主的搜索引擎精准营销成为现实。

随着用户上网行为和搜索行为的增加，在搜索引擎留下的行为数据信息就越多。当把某一个地区的用户搜索行为数据集合起来，便可以发现背后隐藏的商机：某地区消费者的消费偏好情况，对某产品信息搜索量的时间变化情况；当把用户过去所有的搜索行为数据信息集合起来，便可以发现这些用户的“秘密”：消费需求偏好、职业预测、年龄预测、消费能力预测等。这些搜索行为大数据信息便是搜索引擎精准营销的利器，可根据搜索行为大数据分析，将广告信息推送给与需求、身份、收入、地区相匹配的用户。

对跨境营销来说，企业依靠搜索引擎对用户进行大数据分析，直接找出目标受众，然后对广告投放的内容、时间、形式等进行预测与调整，进行广告的精准投放。

对用户来说，搜索引擎根据他们的喜好、消费水平等情况推荐产品信息。随着大数据运用技术的成熟，越来越多的搜索结果是量身定制的，每个用户的搜索结果都不一样，搜索结果中只出现用户想看的信息。

5.1.3 搜索引擎营销方式

搜索引擎营销方式有付费营销与免费营销两种。付费营销的主要方式为竞价广告，免费营销的主要方式为搜索引擎优化（SEO）。

收费模式	营销方式	收费标准	优点	缺点
付费营销	竞价广告	开户成本；广告消耗成本；管理账户的人工成本	精准性强，传播速度快，见效快，灵活性好，可以规模化营销推广	营销效果和成本受广告投放操作者的技术水平影响，操作者没有经验，很有可能导致营销成本上升，又没有获得好的效果
免费营销	搜索引擎优化（SEO）	无需广告消费，但需要SEO的人工成本	通过长期良好的优化可以源源不断获得免费流量，可作为长期性的营销方式	效果慢，难以规模化，操作不好会导致网站被搜索引擎处罚，严重的还会导致网站信息彻底在搜索引擎消失

对于搜索引擎营销方式的选择，不能说绝对的好与绝对的不好，要根据企业自身需求与广告预算情况做合理选择。此外，跨境电商企业在做付费搜索引擎营销时，如果对搜索引擎优化技术与系统操作不熟练，可考虑选择搜

索引擎营销服务商，特别是具有海外市场大数据资源与分析能力的服务商，借助其优势，并依靠专业、服务良好的优化师团队控制广告投放。利用大数据资源，优化师会分析出最具竞争力的关键词，并分析出最具潜力的营销市场；在营销过程中，通过监控广告效果数据，对营销策略不断优化调整，帮助出口企业实现精准营销，降低营销广告成本。

5.1.4　搜索引擎优化技巧

付费搜索引擎营销如果是企业自己操作，需要掌握营销技巧，熟悉系统的操作，很多跨境电商企业在这方面是不专业的，最好选择专业的跨境营销服务商，不需要出口企业掌握什么营销技巧，只要投入广告费，搜索引擎营销服务商及其优化师团队会打理好一切。而免费的搜索引擎优化，就需要企业掌握搜索引擎优化技巧，当然也可以聘请专业的 SEO 优化师。下面分享一些搜索引擎营销的经验：

1. 结合大数据工具挖掘商机

做搜索引擎营销，盲目投放市场，以及投放不精准的关键词，投资回报率低。制定和执行营销策略前，跨境电商企业应该利用大数据工具挖掘蓝海市场，并确定精准关键词，这样才能将产品营销广告投向最具有商机的市场，并通过精准关键词匹配精准客户，提高投资回报率。

2. 选择合适的搜索引擎营销

不同地区的网民，有不同的搜索引擎使用习惯。Google 是世界上使用人数和覆盖区域最多的搜索引擎，而 Bing 主要使用者是美国网民，Yandex 的主要使用者为俄语区的网民。因此，跨境电商企业做搜索引擎营销，要根据目标市场网民的使用习惯，选择最合适的搜索引擎做营销，这样才能使得营销效果最大化。

3. 使用长尾关键词　挖掘精准客户

假如你是出口运动鞋的卖家，sports shoes（运动鞋）肯定是你的主关键词，但是这个关键词的竞争太大，如果没有做关键词竞价，你的产品信息或者网站很难出现在搜索结果前面。

但是，如果你把关键词扩展，利用长尾关键词如：Fall men and women ultra – light running shoes（秋季男女超轻跑步鞋）；Breathable mesh damping shoes（透气网面减震跑鞋）；Wear – resistant non – slip travel shoes（耐磨防滑旅游鞋）等词，有具体品牌名就加上品牌名，就不仅避开了主关键的词激烈竞争，而且点击进来的客户有明确的需求，增加了流量的精准性。

优化标题与元描述

同样是查找"鞋子"，上面两条搜索结果，如果你是消费者你更愿意点开哪一条？

第一条标题与元描述简单地阐述了鞋子种类的丰富。

第二条标题与元描述则突出免运费、365 天退货政策，品类丰富、7 × 24 小时客户服务，以及联系方式。

相信大部分消费者都会被第二条信息所吸引，并点击进去了解更多，因为消费者从标题上已经看到了这家网站的特色服务，就差进去看看鞋子喜不喜欢了。

4. 网站内容坚持原创　做好内容优化

搜索引擎的一大宗旨是给用户提供有价值的信息，如果你的网站填充着过度复制，或者无价值的信息，是不受搜索引擎青睐的。长期这样，还可能被搜索引擎降权。

5. 时刻关注搜索引擎规则变化　及时做调整

搜索引擎规则的变化是不定期的，出口企业网站站长或者 SEO 优化师，要密切关注搜索引擎规则变化，对网站及时做合理的调整。

例如，随着移动互联网的发展，Google 更青睐于在移动端友好的网站。关注搜索引擎规则变化，不仅仅要关注 Google，还要根据目标市场客户所使用的主流搜索引擎情况，有选择性地关注。假如，产品面向的是俄罗斯市场，那就需要密切关注 Yandex 规则的变化，因为俄罗斯网民主要使用 Yandex。

6. 网站内链优化

网站内链并不是越多越好。首先，网站导航栏要清晰；其次，各页面之间的衔接要科学合理，保证所连接的页面具有相关性；第三，切勿将所有内链都指向网站主页。合理布局内链，有利于推动网站排名，提升 PR 值，同时在站内还能够形成良性循环的浏览体系，提高用户体验度和搜索引擎友好度。

7. 提高网站打开速度

外贸网站的打开速度，是搜索引擎优化的重要环节。网站打开速度慢严重影响客户的浏览体验，不利于促成订单。外贸型网站最好使用海外主机，保证业务的顺畅进行。

5.2 第三方平台营销

5.2.1 第三方平台营销的模式与现状

进驻跨境电商第三方平台，仍然是目前中国跨境电商企业把产品销往海外的主要渠道。主流第三方平台在全球范围内拥有比较完善的物流服务体系，还有流量、支付服务等优势，跨境电商企业可以节省很大一笔费用，如网站搭建成本，并可以快速切入目标市场。

目前，这样的第三方平台主要有两种模式。一种是跨境电商第三方平台B2B模式，包括阿里巴巴国际站、环球资源网、中国制造网、敦煌网；另一种是跨境电商第三方平台B2C模式，包括速卖通、亚马逊、Wish、eBay。

然而近年来，这些开放的第三方平台陆续制定了一些新规则，把入驻门槛提高了。其实也是因为之前低门槛的入驻条件，大批卖家入驻，导致平台内部聚集了大量的卖家，加剧了竞争，平台内部红海市场趋势越发凸显。因此，现在慢慢提高了企业的入驻门槛，一方面是有意把部分不符合平台限制条件的卖家拒之门外，另一方面是控制平台内部竞争程度，减缓平台内部红海市场的发展趋势。

例如，速卖通规定所有卖家必须以企业身份入驻，不再允许个体商家入驻；eBay也在不断更新规则，规定入驻卖家必须持有营业执照与法人身份证，方能入驻；亚马逊也将流量和展示机会向企业卖家倾斜。

总体来看，跨境电商第三方平台逐渐严格化、规范化，平台的流量资源，越来越向有实力的企业卖家倾斜。所以说，对很多中小型跨境电商企业来说，不是单纯地往平台规则上靠，满足入驻条件就具有优势了，还需要具有一定的实力，比如平台运营、产品开发设计、品牌塑造能力等等。这也是入驻第三方跨境电商平台的商家，越来越多选择代运营服务的原因。而经营独立网站，其实也是跨境电商企业未来营销的一个选择，就像前面说到的，虽然经营独立站需要投入建站成本，但是少了一些条条框框的规则限制，还能省去中间诸多环节和费用，而且经营独立站对树立独特的品牌形象更具优势，还能够避开竞争激烈的红海市场，开拓真正属于产品的蓝海市场，至于在数据资源、营销能力方面，其实可以借助跨境生态链条中跨境电商服务商的大数据资源、专业的营销能力等，实现独立自主出海。

5.2.2　第三方平台营销策略

1. 多平台组合　打配合战

在跨境电商领域，有的电商企业选择一个单一的第三方平台，通过深耕细作，运营技巧越来越娴熟，取得很好的成绩。这确实是一个不错的策略，不过目前平台规则是多变的，每个平台之间又有不同的规则。产品在单一的第三方平台销售也有其缺点，一旦在这个平台出现问题，严重的话可能导致店铺被封，那么之前在这个平台上积累的优势就荡然无存了，而在其他平台又没有账户和经验，这种情况下该怎么办?

跨境电商企业不仅要有好的平台营销技巧，平台策略也要做好。多平台组合，打配合战是一个明智的选择。平台包括第三方平台和独立网站。如果有能力，可以联合运营两个左右第三方平台，再配合运营一个自己的独立网站。这样的平台策略，可以充分利用第三方平台各自的优势，假如是跨境 B2C 卖家，你选择了两个第三方平台，例如亚马逊、速卖通，亚马逊主攻欧美市场，速卖通主攻新兴市场，这样配合就可以开拓不同的市场。再配合独立站，并通过像赢搜 Winsog. com 这样的专业数据分析工具，为网站定位一个最佳蓝海市场，来提高营销的精准性，也为自己留一条退路。

2. 掌握营销技巧　突破重围

如前面说到的，在第三方平台上销售产品，竞争激烈、比价严重、利润低、平台规则多变，越发考验跨境电商卖家的第三方平台营销能力与技巧。下面分享的这些技巧，希望能够帮助卖家提高营销能力。

（1）注重图片的清、美、真

图片是目前展示产品的主要方式之一，上传到第三方平台的图片首先一定要清晰，图片清晰是最基本的要求；其次，图片要美，美的图片更能吸引客户的眼球；第三，图片要真，反映真实产品，切忌盗图，避免知识产权纠纷，如果是代理商，要取得代理权。

（2）即时更新产品信息

我们都知道，在第三方平台上，付费推广的产品或店铺通常占据了搜索结果的前几位。那些没有进行付费推广的产品或店铺，就要定期更新产品信息，保持店铺动态化，优化排名。当然，具体还要根据每个平台的特点，把握产品信息更新技巧和频率。另外，特别要注意，有些平台可能在产品信息更新的时候，会将该产品的权重进行重置。

（3）注重提升客户服务水平

第三方平台流量很大，竞争也激烈，客户是同行争相抢夺的对象，而客户咨询是不定期而又比较频繁的，因此，卖家要在第一时间回复客户的咨询信息，并且注重服务态度的提升，避免客户因为卖家沟通效率低，服务差而流向竞争对手。

（4）产品标题或描述要突出自己的特色

在第三方平台上，同质化比较严重，没有特色的产品，客户注意到的概率非常低，无论是产品属性，还是价格，都应该突出自己的特色，不特别就不出众。卖家可以利用长尾关键词，设置描述产品特色的词语。有的卖家会跟随销量好的产品标题设置关键词，这其实是一个可借鉴的方法，但在借鉴的基础上加上自己的特色，效果更好。

（5）善于利用平台数据统计工具

第三方平台像速卖通，提供店铺数量流分析，通过数据分析诊断店铺经营情况，以及一定时间段内的变化情况，通过分析对比，去发现店铺存在的不足之处，有利于卖家根据问题点采取有效的措施去改善；还可以通过数据，研究目标市场的文化审美偏好，做好产品、品牌的文字、图片、视频等内容，以更好地经营店铺。

5.3 社交媒体营销

5.3.1 数据视角看社交媒体营销的重要性

据有关数据统计，在全球社交媒体用户中，平均每个用户每天花 2.4 小时参与社交媒体的各种活动。企业通过社交媒体宣传产品、品牌，已经是一种常态。社交媒体有着强大的营销潜力，很多企业纷纷布局各自的社交媒体营销，跨境电商也不例外。

全球网民使用社交网络情况变化趋势

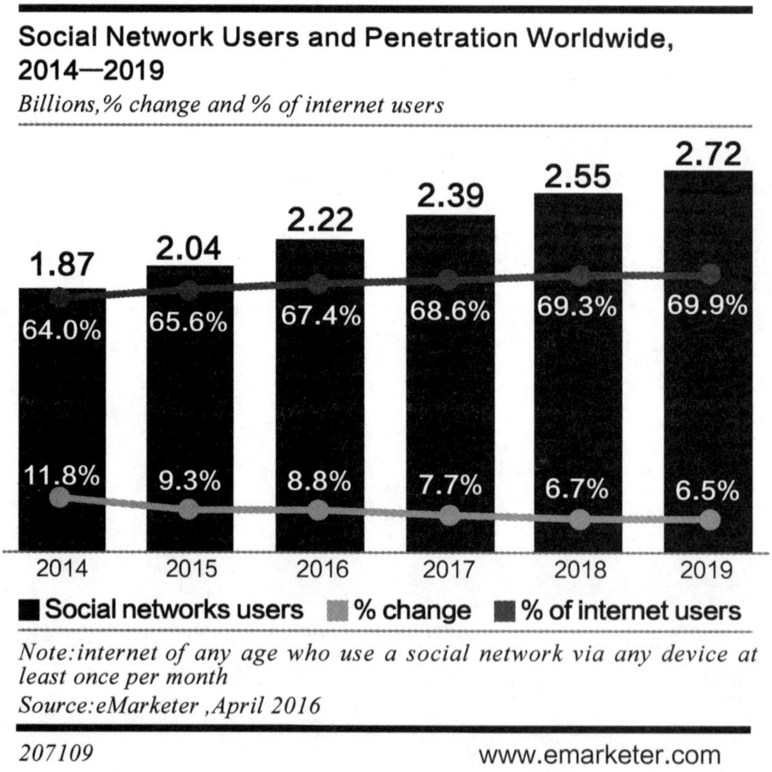

数据来源：eMarketer

Hootsuite &We Are Social 联合发布的《2017 年全球数字报告》显示，2017 年，全球各种社交网络的总用户规模为 30.28 亿人，而全世界的人口总量目前也只有 75 亿人，这意味着全世界有四成的人口在使用社交网络。而 We Are Social 发布的《2016 年数字报告》显示，2016 年全球社交媒体用户有 23.1 亿人，相当于全球人口的 31%。可以看出，全球社交媒体用户数在不断增长。

eMarketer 研究数据还显示，Facebook 仍然是全球大部分国家最受欢迎的社交媒体，像 Instagram 这样的新兴社交媒体也在迅速流行。

目前，国际主流的社交媒体主要有：Facebook、Twitter、YouTube、Pinterest、VK、Instagram 等。

1. Facebook

Facebook 创立于 2004 年 2 月份，是美国的一个社交网络服务网站，也是全球排名领先的社交网站。截至 2017 年 8 月份，Facebook 月活跃用户数已超 20 亿。

2. Twitter

Twitter 成立于 2006 年 3 月份，是一家美国社交网络及微博客服务的网站，是全球访问量最大的十个网站之一。截至 2017 年 6 月份，Twitter 月活跃用户数为 3.28 亿。

3. YouTube

YouTube 注册于 2005 年 2 月份，是世界上最大的视频网站，为全球成千上万的用户提供高水平的视频上传、分发、展示、浏览服务。YouTube 高管对外宣布，截至 2017 年 6 月份，YouTube 的月活跃用户超过了 15 亿人，平均每位用户每天观看 YouTube 视频的时长是 1 小时。

4. Pinterest

Pinterest 创办于 2010 年，是一个图片社交平台，堪称图片版的 Twitter。在 Pinterest 上看图片，用户无须翻页，因为 Pinterest 采用瀑布流的形式展现图片内容，新的图片不断自动加载在页面底端，让用户不断地发现新图片。截至 2017 年 4 月份，Pinterest 月活跃用户数超过 1.75 亿，其中 60% 的用户来自非美国地区。

5. VK

VK（原 VKontakte）成立于 2006 年 9 月，是欧洲最大的社交网站，主要用户分布在俄罗斯、乌克兰、白俄罗斯、阿塞拜疆、哈萨克斯坦、吉尔吉斯斯坦、摩尔多瓦等俄语区。据 2017 年最新数据统计，VK 超过 2.5 亿验证用户，月均活跃用户数超过 1 亿，每天有 15 亿次的网页被打开。

6. Instagram

Instagram 创建于 2010 年 10 月，是一款运行在移动端上的社交应用，以一种快速、美妙和有趣的方式将用户随时抓拍下的图片彼此分享。Instagram 宣布，截至 2017 年 4 月份，Instagram 月活跃用户数高达 7 亿。

可以说，社交媒体的应用达到了前所未有的高度，并且这个高度还将继续增长，很多企业都意识到了社交媒体营销的重要性。社交媒体，给跨境电商企业提供了新颖、社交化的营销方式，例如社交媒体的短视频、图片、交互式的短文字等，不仅更具有视觉冲击力，而且更易于传播并促成交易。

5.3.2 用大数据思维玩转社交媒体营销

社交媒体已经成为人们日常生活的必备工具，各社交媒体上聚集了海量的用户行为数据信息，包括语音、文字、图像、视频等信息，是用户行为大数据的宝地。谁能够充分利用这些社交媒体大数据，谁就有能力进行社交媒体精准营销。

进行社交媒体营销的跨境电商企业越来越多，竞争也会越来越大。使用社交媒体大数据挖掘客户的兴趣点，想办法吸引客户，是企业能够在竞争激烈的社交媒体营销环境中取得成功的关键。

1. 分析目标消费群体社交行为

虽然国际主流社交媒体网站不少，但并不代表跨境电商企业要在每个社交媒体都进行营销。要提高营销精准性，必须对目标消费群体的社交行为大数据进行分析，分析自己的目标受众主要聚集在哪个或哪些社交媒体上，分析目标受众喜欢看什么样的内容，分析目标受众在社交媒体上的活动时间等。

例如，你的企业目标市场是美国，目标消费群体是女性，就必须对美国女性的社交行为进行分析。皮尤研究中心（Pew Research）的数据显示，44%的美国女性网民都在使用 Pinterest 这个平台。所以，Pinterest 就是你的企业进行社交媒体营销的重要渠道。

2. 让企业形象在社交媒体上是“完美”的

现在的社交媒体，有企业账户与个人账户之分。企业在社交媒体上以企业用户形式存在，必须要体现出企业该有的样子。首先，要保证企业在社交媒体上的信息是完善的，包括简介、地址、邮箱、企业 Logo、企业风采等。其次，要使得企业在社交媒体上的形象是“美”的，包括文字、图片、视频等，保证企业展示给用户的是一个有内涵、有故事、有态度、有专业度的形象。

通过个人社交媒体账号塑造人物，同样也有成功的例子，比如企业创始人。

3. 让企业品牌基调在社交媒体上是独特和稳定的

在进行规模化社交媒体营销之前，必须明确企业要给客户传递一种什么样的品牌价值观、理念，并且是以一种什么样的风格基调向客户宣传企业独特的品牌与产品。

一旦确定，就需要在之后的社交媒体营销行为活动中，长期保持稳定的品牌形象。

稳定的品牌价值观，有助于培养客户对品牌理念的慢慢沉淀，形成一种依赖、一种习惯，甚至是对品牌的信任与忠诚。

4. 精心制作营销内容

内容，是跨境电商企业进行社交媒体营销的精魂之所在，是企业用以展示产品、企业形象、品牌价值观等的介质，既要能够展示企业的独特之处，又要足以吸引客户眼球。因此，营销内容的制作是企业社交媒体营销的关键环节。

除了 YouTube 的短视频营销外，其他的主流社交媒体营销内容一般就是图片和文字形式。根据数据分析统计，企业社交媒体营销内容中，大部分都包含有图片，而且图片在传播速度与传播力度方面远高于纯文字，因此图片的优化是企业社交媒体营销的重要一环。值得一提的是，图片的清晰度，每个社交媒体对图片有不同的尺寸要求，具体图片要求如下：

社交媒体	最佳尺寸	最小尺寸	宽高比例	图片大小
Facebook	1200×630 像素	600×315 像素	1.91：1	最大 8 MB
Instagram	1080×1080 像素	320×320 像素	1.91：1 或 4：5	不限
Twitter	4096×4096 像素	300×157 像素	2：1	普通照片 5MB；GIF 动图移动端 5 MB，网页端 15 MB
Pinterest	宽度至少要 600 像素	宽度 236 像素	2：3 或 1：3.5	不限

无论是文字、图片还是视频，营销内容的制作可以借助这几个技巧：

借助节日内容。

借助社会行业热点内容。

借助明星、网红、名人热点。

5. 制定精准的营销策略

制定精准的营销策略，尤其是要明确营销内容的形式、发布时间、发布数量、发布频率、针对人群等。精准的营销策略制定是建立在用户社交行为习惯基础之上的，只有根据社交媒体用户行为大数据分析，去挖掘用户的社交行为习惯，才能够制定精准的营销策略，提高产品被关注和喜欢的概率，提高营销转化率。

根据数据分析，在发布时间上，各社交媒体平台用户的最佳活跃时间是不一样的，具体活跃时间如下：

社交媒体	最佳活跃时间	最佳活跃天
Facebook	最多分享：13：00； 最多阅读及点赞：15：00； 在 Fanpage 获得用户反馈：9：00 – 19：00	周四、周五的用户参与比例比其他天多 3.5%
Twitter	最多阅读：12：00、13：00、18：00（时区根据目标市场变动）； 最多分享：17：00	周三、周六、周日为活跃天，能够获得更高的用户参与和点击
YouTube	用户平均每天观看 1 小时视频，观看时间多为 20：00 – 23：00 的闲暇时段	周六、周日为活跃天
Pinterest	适合发布的时间：20：00 – 23：00（时区根据目标市场变动）； 用户活跃高峰期：21：00	最佳活跃天为周六。各大时尚品牌及各零售店，发布的最佳时间为周五 15：00
Instagram	最佳活跃时间段、最多阅读和分享：15：00 – 16：00（时区根据目标市场变动）	一周 7 天几乎都是活跃天，就变化曲线而言，周一最为活跃，周日相对较弱

在内容上，应该合理搭配，可以参考以下搭配技巧：

首先确定一个主风格的原创内容，可以快速复制并运用到各社交媒体平台。

配合转发产品买家秀或社会热点事件，规划好时间点与频率。

在内容形式上可以穿插使用图片、图片 + 文字或者视频等，也就是某个时间段内，在哪个时间点发布哪种形式的内容。

6. 积极与粉丝互动

跨境电商进行社交媒体营销，判断营销效果的指标，除了有店铺或者网站的流量和转化率情况，还有社交媒体上粉丝的响应情况。

对于社交媒体上粉丝的留言、评论、转发等，企业要及时做出相应的反馈，回复粉丝留言，根据粉丝评论做适当的营销行为调整，或者为了感谢粉丝转发而定期设置优惠、抽奖活动等。总之要积极与粉丝互动，保持品牌的活跃度，这也是拉近品牌与粉丝距离的有效方式。

7. 定期做营销数据整理分析　不断优化调整营销策略

随着时间的推移，营销内容和行为活动不断增加，这其中积累了非常多有价值的数据信息。跨境电商企业要善于结合运用社交媒体后台的数据分析工具，去获取回复、评论、点赞、转发等数据信息；结合自己的观察、数据统计，分析不同形式的营销内容对用户的吸引度、内容的最佳发布时间与频率、可改进点等。

根据数据分析结果，对营销策略进行更合理的调整。同时也要根据新的流行趋势与热点去做创新，经过一段时间的实施后，再进行数据分析，不断调整完善。如此循环优化，才能使营销活动长期保持良好的效果。

5.4　内容营销

5.4.1　做好内容营销　让客户主动找上你

美国专业营销机构 Marketing Insider Group 的研究调查发现：93% 的 B2B 公司表示，相比传统广告营销，内容营销能吸引更多的潜在客户；75% 的营销人员表示见证了内容营销的良好效果；56% 的营销人员表示个性化的内容有助于提高企业的吸引力和与客户的互动性。

说到内容营销，很多人还是会认为内容营销就是借助文字、图片、视频等对产品或品牌进行推广、曝光，这仅仅是对内容营销比较浅显的理解。

内容营销是通过有价值、与客户有关联、持续性的内容来吸引客户，让客户对你的产品或者品牌产生认同感，自发传播内容，让更多的客户被内容吸引，主动找上你的产品；更进一步是让客户对你的品牌产生信任与依赖，成为品牌长期忠实的客户。所以，包括跨境电商企业在内，企业做内容营销，最直接的三个目的是：获取流量，培养潜在客户，转化客户促成销售。

与其他的营销方式不同，内容营销具有它自己的特点：

内容营销不是简单地向客户展示产品或服务，而是向客户提供解决问题的方案，实实在在帮助客户解决问题。

内容营销不像其他促销广告等打价格战，而是给客户搭建一个有温度（感性）的购物场景，向客户传递有价值的内容。

内容营销刺激客户的分享是贯通整个过程的，而不是像传统营销方式，经过体验之后才有可能分享产品或品牌。

内容营销的传播渠道，可以是企业自身官网，也可以是各社交媒体平台，还可以是其他能够展示内容的渠道，适用渠道广，传播成本相对较低。

5.4.2 内容营销 内容是灵魂

内容营销，内容是灵魂，好的内容，自带传播功能。比如《我有一个为你量身定制的海外商机挖掘工具》，商机挖掘？还是量身定制的？从事跨境电商行业的人，看到这个标题，会很好奇，迫不及待想知道究竟是个什么样的工具。如果，这个工具能够实现“谁进来看，就是为谁量身定制的”，那么看到的人都有一个必须转发分享的理由。（这有一个真实的案例，大数据海外商机挖掘工具 Winsog，就是通过这种营销方案，在外贸圈中广泛流传、使用。）

1. 内容从哪里来？

做内容营销，内容是成功的关键。企业做内容营销，内容可通过三个途径获得：

BGC（品牌生产内容）：也就是企业自己生产内容，生产产品的同时也生产内容，用内容来辅助做产品营销。例如，杜蕾斯生产产品，也为客户提供新颖、有价值、娱乐性的内容，达到营销产品的效果。

UGC（用户生产内容）：内容由用户在使用了产品或服务后，自己原创生产。每一个使用过你的产品或服务，又或者认识你的品牌的用户，都可以生产内容：留言、评论、反馈意见、研究分析、特别感想等等。

PGC（专业生产内容）：企业凭借第三方代理或专业生产内容方的外部内容，为更多的用户提供更多的与品牌有关的内容。

2. 如何做好内容？

跨境电商企业做内容营销，虽然可以借助用户生产以及专业生产内容，但更多的是要依靠品牌自己生产。那么，跨境电商企业如何做好内容？

有一条路可以走：

第一步，介绍好产品和品牌

产品和品牌是内容营销的最终回归点，讲好自己的故事，让更多的人知道你的产品能够解决什么问题，了解你的品牌理念是什么，使用你的产品能够给他们带来什么价值。例如现在很多婴幼儿奶粉的营销内容，就会展示产品是如何提取营养成分，如何加工而成的，让消费者充分了解产品，更容易让消费者对品牌产生信任感，对粉丝更有吸引力。

此外，为产品和品牌加入多元化内容，可以是目标市场热点新闻，也可以是目标群体关注的特定内容。例如，婴幼儿奶粉的营销内容可以增加育儿技巧、婴幼儿辅食制作技巧等内容。

第二步，争取做行业内的权威专家

站在行业专家的角度，通过内容，告诉消费者该怎么买、怎么用，真正解决消费者最关心的问题，将问题落地解决，让消费者觉得在这个行业内你说的、你做的是最可靠、最可信的。例如，化妆品品牌欧莱雅通过图文内容、视频内容等向消费者提供美妆教程等，塑造行业专家形象。

第三步，成为消费者的一种习惯和生活方式

让产品成为消费者生活当中的一种生活工具、一种习惯，去影响消费者的生活，让消费者去主动拥有与传播，而不是依靠大规模的广告投放，例如 LV 推出的《城市指南》。

5.4.3　如何利用大数据做好内容营销

1. 做好内容营销的前提条件

（1）能够在一定时间内聚集帮助扩散传播的基础粉丝

如果没有办法将内容传播出去，内容营销就无从谈起了。

（2）能够持续不断生产符合粉丝需求的优质内容

这就要求跨境电商企业有专业的内容生产团队，善于运用好用户生产的原创内容，并借助专业生产方的内容。不管是谁生产的内容，都要合理结合目标市场热点事件，以更好迎合客户的兴趣点。

（3）策划好粉丝变现模式

通过内容营销获取的粉丝，最终目的是要转换成真正的客户。因此，在进行内容营销之前要预先策划好一个切实可行的变现模式。

2. 内容营销技巧

（1）合理利用传播渠道

内容生产出来，必须要依靠各种渠道传播出去。像海外主流的社交媒体平台 Facebook、Twitter 等，还有第三方平台的营销工具如亚马逊的 Kindle 电子书等。渠道很多，但并不是要求跨境电商企业将内容放到所有的渠道上传播，这样工程量非常大，不切实际。因此，要利用市场大数据，分析目标受众在哪些渠道上活跃，哪些渠道是哪些群体喜欢呆的地方。清楚了解各渠道的用户特征，是选出高效的内容传播渠道的前提条件。

（2）合理安排内容展示形式

不同的渠道，有不同的内容展示方式，内容上各有差异。例如社交媒体平台 Facebook 和 YouTube，在内容展示上，Facebook 是图文 + 视频等多种内容形式，而 YouTube 则主要是以视频为主的内容展示形式。利用渠道大数据分析各渠道的内容展示特点，根据目标渠道的内容特征，采用最适合的内容形式。

（3）鼓励客户参与互动

内容营销仅仅是输出内容，没有客户的参与互动，很难起到营销裂变的效果，转化更难了。因此，营销过程中要设置客户互动、参与内容制作或传播的环节，增加活跃度。

值得注意的是，要根据目标市场大数据分析客户行为习惯，选择合适的互动方式，只有客户接受、认可的互动方式，才能调动他们的参与热情。

（4）打造人格化的品牌形象

内容营销中可以为品牌打造一个人格化的形象，让品牌像人一样有脾气、有个性、有情感、有气场，拉近品牌与客户之间的距离与情感交流，更容易获得客户的喜好和互动参与。

（5）利用故事打动客户

内容可以根据渠道内容特征采用图文、视频，或纯图片等形式，但无论哪种形式，都可以以故事的方式传播。跨境电商企业通过大数据进行分析，塑造出自己独特的品牌故事。一个真实、有情感、自然的故事，更能引发客户的共鸣，打动他们。例如，香奈儿品牌，在手包中融入了香奈儿女士自己成长的故事。

（6）强化客户的品牌标签

强化客户的品牌标签，也就是通过内容向客户传达产品将赋予客户一种什么样的身份标签。比如某一品牌的服装走的是青年文艺风，穿这个品牌服装的客户给人一种文艺青年的形象。通过大数据对客户进行分析，强化客户的品牌标签，精准化目标客户，更塑造了自己独特的品牌形象。

（7）借助热点，快速吸引流量

热点是一个自动吸引流量的 IP，跨境电商企业要善于利用与自身行业有关的热点做内容营销，快速获取热点带来的客户流量。这是一个非常有效的方式。

（8）巧用娱乐性内容扩散传播

娱乐是人们生活中非常重要的一部分，娱乐内容很容易刺激人们的分享与传播，从而实现传播裂变。值得注意的是，娱乐内容并不完全是负面或无价值的，可以是正面积极、有价值的。要通过目标客户大数据分析去了解客户，定制客户喜爱的并能引发大规模传播的内容。

（9）设计半内容创作模板，邀请客户参与内容创作

通过设计一个能够被重复、大规模利用的半内容创作模板，利用模板的个性化，邀请客户参与内容创作与传播，在实现客户娱乐性的同时，增强品牌与客户之间的互动，达到品牌的自传播。

（10）结合大数据，让内容营销更具有体验感和人情味

在内容营销前，利用大数据分析客户行为习惯，做出更符合客户需求的内容，更受客户喜爱的营销活动；在内容营销过程中，利用积累的数据，分析营销内容、营销活动的效果，并进一步了解客户，根据分析结果去不断完善与改进，使得品牌内容营销更具有人情味，给客户更好的体验。

5.5　视频、直播营销

5.5.1　抓住视频、直播风口做营销

现在上 Facebook，YouTube 等社交网站，随处可以看到短视频的影子，直播也不例外。据数据统计，YouTube 和 Facebook 上，每天有 70 多亿个视频被观看。

思科公司最新发布的预测报告显示，到 2021 年，在线视频所产生的互联网流量将占到互联网总流量的 82%。而在 2016 年，在线视频所产生的流量在互联网总流量中的占比为 73%。其中直播是视频中增加最快的部分，直播主要流行于 Facebook、Twitter、AT&T、YouTube 和 Hulu 等。

快节奏，高压力的生活、工作环境中，短视频以轻松、愉快、形象的方式向人们展示信息，这是短视频和直播受欢迎的重要原因。据 Video Marketing Insights 2017 年 4 月份最新数据统计，有 68% 的 YouTube 用户观看了视频后做出了购买决定。在短视频和直播如此火热的形势下，视频、直播成了企业营销的重要方式，数据统计显示即使是 10 秒的动画也可以提高销量。像阿里巴巴、亚马逊、极赛等都在积极迎接短视频营销的浪潮，开放视频展示功能。

短视频、直播可以实现一种有趣、形象、场景化的营销效果，正在爆发它的洪荒之力，越来越多的企业想要抓住这个机遇，借助短视频、直播将自己的品牌推向消费者的焦点区。然而，如何做好短视频、直播营销，却是跨境电商企业要面对的一个不可小觑的挑战。

5.5.2　利用视频、直播更形象地向客户展示品牌形象

短视频可以为企业提供一种创新、直观的品牌营销方式，那么跨境电商企业如何利用好短视频、直播展示品牌形象？

1. 展示品牌形象

通过赋予某种理念、情感、价值观的短视频或直播，利用声音、画面、文字，全方位、立体式向客户诉说品牌故事，让客户更好地理解和认识品牌。

2. 展示生产流程

通过视频或直播的方式，向客户展示产品的生产过程、生产工艺、卫生环境等，让客户如亲眼所见，拉近了品牌与消费者之间的距离，也增加了产品的说服力以及客户对品牌的信任度。

3. 展示开箱体验

对于一些特殊的产品，比如价值比较高的高科技电子产品，利用视频或直播展示产品从一个密封的盒子中拿出，未被拆开过。

4. 展示产品物流装箱过程

对于一些需要特殊包装或装箱的产品，如易碎的古玩、陶瓷品，客户可能看到产品物流装箱的真实过程才更放心，对卖家的承诺才更信任。利用视频或直播向客户展示产品精细的包装、放心的物流运输，以及可靠的产品质量。这类视频如果是来自于客户的反馈，传播效果更好。

此外，对于一些容易因为装箱操作失误导致产品损坏的误会，利用物流装箱视频或直播做证，就很容易消除误会。

5. 展示产品性能测试

客户对产品描述中的性能，难免会持有怀疑的态度，怎么办？例如，很多人应该都看过在网上流行的“老外调侃中国防弹板质量”的视频，出口防弹板的卖家如果仅用图片、文字描述产品的防弹效果有多厉害，可能很难让客户信服，但用视频直观演示防弹性能，效果如何，一看就知道。

6. 展示产品的空间效果

像家居产品，要展示空间如何经过家居产品布置，以及整个布置过程的变化情况等，通过视频或直播就能直观、立体、高效地展示出来。

这样的视频能够引发客户的遐想，以及对置身空间的憧憬，很容易激发客户的购买欲。

7. 展示产品操作流程

产品的操作流程，使用视频或直播的展示形式，比图文形式更具易学、易理解、易模仿的特性，对一些专业机械设备或操作复杂的产品，具有非常好的辅助销售作用。

有一些客户，可能因为不懂得使用某些产品，而对产品购买决心不坚定或是放弃购买，如果有视频或直播直观展示产品操作流程，客户看完后发现其实没有那么复杂，消除了操作障碍，购买的决心也就坚定了很多。

8. 展示不同产品的使用效果的对比情况

产品更新换代是必然的事，新旧产品之间的对比，能够让客户对新产品的理解更透彻。企业推出的新产品一定比旧产品有特别之处，或者比旧产品品质更好，但对于新产品，消费者在不熟悉或未体验过的情况下，通过短视频或直播，能够更直观、形象地了解。

通过新旧产品使用效果的对比，将两个产品放在一个画面中对比，客户能够通过视频或直播画面，对新旧产品的区别一目了然，犹如亲眼见证，亲身体验，容易相信视频所展示的效果。

5.5.3　大数据＋技巧　让视频、直播营销更高效

1. 分析平台数据，选择最合适的传播平台

同样的视频在不同平台的传播效果各异，平台之间也会有不一样的市场

人群。要对各传播平台相关要素的数据进行有效分析，摸清每个平台之间的传播差异、效果差异、客户群差异等等。一个平台是否适合企业的产品营销，主要从以下几方面去分析：

平台资源：包括流量、主要聚集哪些人群，比如 YouTube 上超过 50% 用户是女性；2015 年至 2016 年，35 岁以上的成年用户在 YouTube 上观看视频的时间增长了 40%。

平台能够提供哪些权益和服务：平台提供的权益和服务对营销的影响很重要，比如 YouTube 为用户提供订阅功能，企业就可以引导用户订阅自己的营销视频，促进品牌在消费者心中的沉淀。此外，YouTube 还提供视频观看数据分析工具，企业可以通过数据跟踪分析视频营销效果。

营销成本：比如企业要做付费营销，同样的视频，同样的费用，在不同的平台会收到什么样的营销效果。

根据自己的需求、预算，以及消费群体特征，选择最适合自己做视频营销的平台。

2. 借助网红、自媒体大咖

Facebook、YouTube 等社交媒体上的大咖，以及网红，他们的粉丝流量都是非常可观的。跨境电商企业可以与他们合作，在他们的自媒体号进行视频宣传，或者直播。不过，选择网红和自媒体大咖，不能单纯考虑他们个人的影响力和粉丝数量，还要通过社交媒体数据分析其粉丝群体的消费能力、审美观、消费偏好等，辨别其粉丝能否发展为企业的潜在客户。

3. 大数据预测 + 原创视频

有质量、有创意，能引起共鸣的视频，才能达到塑造品牌影响力的效果。因此，跨境电商企业要做视频营销最好组建自己专门的视频、直播团队，也可以与稳定的第三方服务团队合作。

此外，与品牌相关的原创视频更具有吸引力与可信度，因此视频、直播团队是生产原创视频的基本配置。原创视频的生产，更关键的是：客户对什么类型的视频内容更感兴趣？在PC时代，预测客户视频喜好方面的能力可能比较弱。然而，近年大数据预测的能力得到了很大的提升。例如谷歌能够提前一个月预测电影上映首周的票房收入。谷歌搜索引擎掌握着丰富的客户大数据。企业可以借助谷歌相关的大数据分析，预测客户感兴趣的视频形式，指导视频创作。

4. 善于运用关键词

视频没有添加标题和描述，搜索引擎是不知道你的视频是什么的。描述视频，可以利用关键词去实现，有利于搜索引擎蜘蛛抓取到。描述中应该包含主关键词和长尾关键词，以此增加流量来源。

标题和描述所用的关键词，除了能够准确描述视频内容外，还应该是近期的热搜词。例如根据搜索引擎数据分析发现，近期对户外运动鞋的搜索热词是“防水户外运动鞋”（某个国家进入了雨季），这时候鞋子相关的视频如果用诸如“匡威男士蓝色休闲舒适户外运动鞋”这样的标题，可能并不是最好的，因为现在客户对防水运动鞋有更强烈的需求。

5. 添加视频文本

视频文本不仅可以辅助客户了解视频内容，也可以提高搜索排名。一部分客户习惯先去了解视频要演示什么内容，才决定是否去观看视频；一部分客户看了视频之后，对视频所传达的意思并不是十分理解，需要文字描述加以理解。因此，使用视频文本去展示你的视频内容很重要，方便客户了解视频，也方便搜索引擎识别视频内容。

6. 添加视频、直播着陆地址

视频营销的最终结果是引导客户到指定地址购买产品，视频很吸引人，客户响应热烈，但是没有最终着陆地址，客户要到哪去找产品？

如果是大品牌，客户通过品牌名很容易就找到品牌官网或者店铺；假如是中小品牌，或是刚打入市场的新品牌，客户可能因为没办法快速搜索到品牌官网或者店铺而放弃了购买。因此，视频、直播营销要加入视频的着陆页，引导流量到品牌网站或者店铺上，促成转化。

7. 控制视频、直播时长

在快节奏的工作、生活、学习环境里，人们的耐心也缩减了。过长的视频或直播，客户没有耐心看完，影响了营销效果。跨境电商企业做视频、直播营销，要合理控制时长，对于某些需要长时间才能完整展示的环节，可以分期展示。分期展示的视频或直播，在结尾要加上提示语，提示客户下期视频或直播将在什么时候播出，增加客户黏性，也保持视频或直播的连贯性。

通过视频相关数据，控制视频时长。在大数据的支撑下，可以清晰地了解：客户对具体类型的视频的关注时长；在视频开始后的哪一个时刻客户退出率最高；会在视频的哪个环节定格暂停。根据这些分析结果，调整视频时长，让客户有一个舒适的观看体验。

8. 允许其他网站嵌入你的视频

允许其他网站嵌入自己的视频，也是一个有效的营销方式，利用别人的流量与渠道增加视频的曝光量。企业要有意识地制作和设置视频，让视频在内容上具有分享价值，在传播上具有便利性。

9. 设置互动环节　及时回复客户留言、评论

直播可以很好地实现与客户互动，视频也可以设置相应的互动环节，比如在视频中引导用户在观看的同时，模仿视频中人物的操作或者动作。在这个互动环节，视频的播放速度就要比较慢，甚至使用慢动作的播放效果。

视频或直播收到的客户评论、回复，不仅仅是企业可以用以评估视频营销效果的数据资源，也是一个企业与粉丝互动的机会，因此跨境电商企业要

积极、及时回复粉丝留言与评论，保持品牌热度，甚至是转化粉丝为真正的客户。

10. 注重本土化运营

本土化运营主要指视频制作方面，根据目标市场客户的观看习惯去制作视频，特别是配音，视频首先要让客户看得懂，才能产生营销效果。最好使用目标市场本地人做配音，避免出现笑话和不专业的表现。

11. 保持连续性与统一性

视频营销作为品牌营销推广的一种方式，是一项长期性的工作。跨境电商企业在开始做视频营销之前，就要首先规划好一个长期的视频营销策略，同时也要保证在视频营销过程中展示的内容与品牌理念、价值观保持一致。

12. 借助特色的视频工具

做视频、直播营销，借助特色的工具，不仅提升效率，也能提升营销效果。下面推荐一些适合跨境电商企业做好海外视频、直播营销的工具。

工具名称	工具特色
YouTube editor	可以利用 YouTube 视频编辑器创建新视频、剪辑视频，然后可以一键发布到 YouTube 网站。所有上传的视频都会自动添加到视频编辑器，营销人员能进行在线剪辑，能串联多个视频，添加背景音乐、字幕或其他特效
YouTube live Streaming	一个直播工具，利用 Stream Now 能简单快捷地录制视频，Events 更有可控性，用户可选择何时开始和停止
Facebook Live	一个直播工具，可与观众实时互动，粉丝可接收通知，及时打开直播频道，观看直播。通过过滤器，可选择向哪些粉丝组开通直播

续上表

工具名称	工具特色
Facebook slideshow	可以利用 Slideshow 将照片或者视频编辑成连续的视频，并支持加入背景音乐和特效来提升效果
Loopster	一款全功能在线视频编辑器，用户界面友好。可通过旋转、剪辑、拼接、缩放以及添加声效等方式编辑视频。Loopster 还提供一些高级编辑功能，比如文本、泡泡文本、泡泡文字、制作标题画面、特效等等
Magisto	简单易用的视频制作工具，能自动将用户的视频录像剪辑在一起
Wideo	适合创建动画营销视频，素材丰富，操作简单，轻松制作 Demo 视频，制作完成后还可以下载视频，或直接分享到 Facebook、Twitter 等社交媒体
WeVideo	基于云端的视频协作编辑平台，能满足企业级应用的在线视频快速处理服务
Periscope	用户可以向其他人直播视频、音频，直播地址可以分享到 Twitter 上，吸引流量
Animoto	只需要选择好照片、视频、音乐、视频模板，Animoto 就能在短时间内帮你完成视频制作
StoriesAds. com	一款专门制作 Instagram 垂直格式视频的编辑工具
Adobe Spark	可通过曲库选择背景音乐、插入个人收藏音乐或使用自己的声音。Spark Video 支持视频上传到 Facebook

跨境电商

实战

- Google Bing Yandex
- 极赛
- 阿里巴巴国际站
- 亚马逊
- 速卖通
- eBay
- Wish
- Lazada

6.1 Google Bing Yandex

6.1.1 Google 大数据支撑下的营销推广

跨境电商的从业者，对 Google 都不会太陌生。Google 作为世界上最大的搜索引擎，一直占据着 70% 以上的市场份额，甚至达到过 80% 以上。这是一个很大的份额，也是一个强大的流量入口。所以，Google 一直是跨境电商企业做海外推广的重要渠道。

根据统计数据可知，Google 覆盖了全球 80% 以上的互联网用户，拥有庞大的互联网用户大数据资源。利用这些数据，Google 能够在用户查找信息之前预测用户的意图，这使得 Google 广告更有效。

对于 Google 庞大的大数据资源，跨境电商企业其实并不是“可望而不可即”，企业可以借助 Google 全球大数据，并结合使用 Google 趋势、Google 大数据广告平台 Google AdWords、Google 全球商机洞察，以及基于 Google 搜索引擎大数据的赢搜 Winsog 海外商机分析工具等，进行全球市场分析，根据大数据分析结果，精准挖掘蓝海市场与客户，实现精准营销。

“Google 关键词广告营销 + Google 店铺引流 + Google 社交营销 + Google 电商数据分析”这样一条思路用到 Google 的工具或者功能分别是：Google AdWords、Google Shopping、Google +、Google 电商数据分析工具 Enhanced Ecommerce、Google AdWords 无障碍通道 Tralanding. com（也称：船老大）。

1. Google AdWords（Google 关键字广告）

Google 关键字广告是最常用的海外推广方式，和百度的关键字竞价排名是相似的。做 Google 关键字广告，需要在 Google 开设一个 Google 账户，登录账户进入到 Google AdWords 推广的后台。

图片来源：Google AdWords 推广后台

Google AdWords 操作流程

步骤	操作	说明
第一步	选择广告系列	Google AdWords 提供的广告系列有：搜索网络和精选展示广告网络、仅限搜索网络、仅限展示广告、购物、视频等，选择广告系列的类型，会决定广告投放的形式以及位置
第二步	设置地理位置	卖家希望广告投放在哪些区域
第三步	设置语言	通过语言定位，卖家可以选择在哪种语言的网站上展示广告。 例如客户使用法语在 Google 上搜索信息，出现在客户面前的就是法语广告，不会是其他语言的
第四步	设置出价策略	一共有 6 种：目标每次转化费用、尽可能争取更多点击次数、目标搜索页位置、广告支出回报率目标、尽可能提高转化次数、每次点击费用人工出价
第五步	设置预算	卖家每天愿意支出的平均费用
第六步	设置投放时间	设置在每天特定的时间段或每周特定的几天里展示广告

续上表

步骤	操作	说明
第七步	设置广告组	广告组包含使用一组共享关键字进行定位的一个或多个广告。可以设置一个出价（即价格），以便在广告组的关键字触发广告时使用。这种出价方式称为每次点击费用出价。也可以为广告组中的各个关键字设置单独的出价。通过广告组，可以按共同的主题（例如想要宣传的产品或服务的类型）来组织广告
第八步	选择关键词及编写广告语	筛选要投放的关键词，一个广告组可以包含一个或多个广告以及一组相关的关键词。此时添加好关键词以后要去广告组中修改关键词的匹配方式

做 Google AdWords，建议选择专业的 Google 中国代理商，会有专门的优化师根据要求去操作并设置好广告。做 Google AdWords，核心在于关键词的选择，精准的关键词才能带来高质量的流量。

关键词的筛选，建议使用相关的工具。关键词不仅要与产品高度相关，而且也要精准化，以此吸引高质量的流量到店铺或者网站上。虽然太宽泛的关键词能够吸引更多的流量，但无效的流量无形中增加了广告成本。

关键词的筛选，可以借助 Google 后台本身的关键字规划师，通过直接输入关键词以及目标区域，可以看到该关键词的搜索量、季节搜索量变化，以及各设备上的搜索量等数据情况，还有目标区域上各细分市场的搜索量分布等，通过对关键词相关数据的对比分析，筛选最合适的关键词。

还可以借助赢搜 Winsog. com 工具，只要输入目标关键词，选择目标区域，就可以得到该关键词在具体市场的搜索量、竞争程度大小的数据信息，并帮助商家综合分析出该关键词在某个市场的商机大小。通过对多个关键词的各项指标数据进行分析、对比，筛选出最合适的关键词。

2. Google Shopping

在 Google Shopping 上发布商品，展示的商品信息包括商品图片、价格、企业名称、描述等。跨境电商企业可以通过在 Google Shopping 上发布商品，为网站或店铺导入流量。

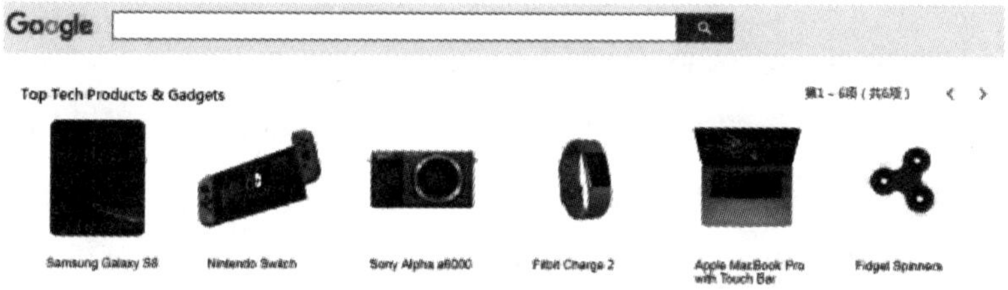

图片来源：Google Shopping

（1）Google Shopping 操作

Google Shopping 的操作很简单，只需要在 Merchant Center 注册好账户，进入商家中心完善企业基本信息，组织好 XML 文件格式的产品信息，然后提交到 Google base 后台，等待提交审核就可以了。提交成功后，可以定期通过 Google base 控制面板查看显示的产品，被点击的数量、API 数据等。

Google Shopping 的 Product Listing Ads（产品列表广告），即 PLAs，展示形式如下图：

图片来源：Google Shopping

2014 年 9 月份，Google 推出一个新项目，就是“AdSense for Shopping”，开始在第三方电商网站上展示产品 Listing 广告，也就是允许零售商在亚马逊等平台推销自己的产品，展示可以链接回零售商自己的网站。所以说，选择Google Shopping 的 Listing 广告（PLAs），商品不仅在 Google 搜索引擎页面展示，也可以在第三方电商网站展示，增加曝光量。

（2）Google Shopping 的排名规则

Google Shopping 按单次点击收费，商家在商家中心的出价对排名有重要的影响。

（3）Google Shopping 优化

关键词设置。在标题上设置与产品高度匹配的关键词，提升产品与描述的相关性，以提升排名并吸引精准流量。

推出最具竞争力的产品。Google Shopping 其实是 Google 提供的一个比价工具，在 Google Shopping 上提交产品时，应该提交商家所有产品中，价格最具有竞争力的产品，Google Shopping 在比价时，如果商家的产品价格最具有优势，就会被优先推荐。

做好客户口碑。在 Google Shopping 上，客户口碑越好，权重越高，排名越靠前，因为 Google Shopping 会根据用户搜索相关度、评价和口碑向搜索的用户推荐产品，以及选择卖家。不诚信的卖家是会被 Google Shopping 剔除的。

3. Google +

Google + 是 Google 的一个社交工具，类似于我们使用的微信，可以实现文字聊天、视频聊天、内容分享。Google + 分为个人账户与企业账户。注册一个企业账户，在信息页面上填写自己的店铺或者网站名称、简介等。

通过 Google + 可以很好地与客户进行互动、沟通，也可以通过 Google + 的圈子建立客户群，更好地了解客户。还可以在 Google + 上分享自己的产品信息，让客户看到，从而潜移默化地影响客户，直到产生转化。

做 Google + 推广，其实就是做社交媒体推广，其中重要的是推广策略与营销内容。特别关键的是要充分利用好 Google + 的“圈子”功能，这个“圈子”就相当于我们熟悉的微信朋友圈，在圈子上面发布有趣的、热点的、有价值的信息，吸引客户，同时做好与客户之间的互动。

4. Google 电商数据分析工具 Enhanced Ecommerce

Enhanced Ecommerce 是 Google 推出的一个网站分析工具。企业可以利用这个工具去分析网站或者店铺的流量以及客户的购物行为。

（1）了解客户的行为

通过 Enhanced Ecommerce，企业可以清楚地了解到客户到你的网站或店铺上浏览了哪些商品、将哪些商品加入了购物车、最后购买了哪些商品，又有哪些商品是客户选择了但最后却放弃购买的。

（2）了解网站/店铺经营业绩

通过 Enhanced Ecommerce，可以获取网站/店铺的一系列数据，包括营业额、转化率、客户将商品添加到购物车的比例、客户了解商品详情后下单结算的比例等数据。通过分析网站/店铺的数据，了解网站/店铺的热销品，了解客户的需求偏好、价格接受程度等等。

5. Google AdWords 无障碍通道 Tralanding

跨境电商企业在中国大陆使用 Google 的一系列工具，或者管理 Google AdWords 账户，需要“翻墙”才能够实现，这给企业操作带来了很多麻烦。企业可以使用 Google AdWords 在中国大陆的无障碍通道船老大（网址 www. tralanding. com），另外配合使用英虎浏览器，就可以实现在中国大陆地区无障碍管理 Google 账户，提高企业管理效率。

6. 1. 2 Bing 大数据预测下的营销推广

1. Bing 推广的价值

Bing 作为全球性的搜索引擎之一，一直排在世界前三的行列里。在 2009 年与雅虎达成合作协议，Bing 为雅虎提供 Bing 的搜索结果，也就说做 Bing 推广，结果将在 Bing 与雅虎两大搜索引擎中展示。此外，Bing 还整合了 Facebook 及其他社交网站的信息流。目前 Bing 为全球 75 个国家和地区，超过 5 亿用户提供搜索服务，尤其是美国和欧洲市场。

值得一提的是 Bing 出口通，是微软全球化网络搜索营销服务（Bing Ads）的一部分。它基于微软全球强大的技术开发平台和广泛的在线资源，可以帮助中国企业进一步拓展海外市场，以一种有效的途径让中国企业的产品和服务走出国门。

很多跨境电商企业认为，Bing 的市场份额，与 Google 比起来差太远了，就算加上雅虎，市场份额也远远比不上 Google，所以 Bing 推广可有可无。NetMarketShare 数据显示，在美国市场，Bing 的搜索份额占到了全美搜索市场的三分之一；2017 年 8 月，Bing 在全球搜索引擎市场份额为 7.04%。另外，就拿 Bing 的主要用户（美国用户）来说，使用 Google 和 Bing 的用户之间是存在差异的，包括他们的点击行为、浏览习惯等。这意味着，在 Google 上并不能接触到你的所有潜在客户，你的潜在客户也会在 Bing 上搜索商品信息，特别是美国市场的客户。

除了美国以外，Bing 在英国、法国、加拿大占据较大的市场份额，在巴西、菲律宾、新西兰、印度、印度尼西亚、芬兰也有相当不错的市场份额。

此外，Bing 的用户购买指数比较高，Bing 推广性价比也比较高，只展示不收费，只按点击收费，不点击不收费。

2. Bing 两步走 + 大数据

微软对大数据的运用一直都表现出彩，特别是 Bing 高精准的预测事件不断出现。利用大数据，Bing 准确预测了整个 2014 年女足世界杯，成功预测了第 13 季《美国偶像》的周冠军，当然还有其他很多成功预测的例子。

在进行大数据预测方面，Bing 还在 2015 年夏季举办的加拿大女足世界杯上，成功预测出了排在前六的队伍；在网球领域预测也获得了喜人成绩。Bing 准确猜出了 2015 年温布尔登网球锦标赛最终的获胜者。此外，它还在

NBA选秀、纳斯卡赛车以及其他体育赛事中也表现不俗。

这些仅是Bing利用大数据的一些出色表现，利用大数据分析预测的高超能力，也是支撑Bing能够在全球搜索引擎市场排名前列的重要因素。Bing的预测机制其实是分两步走：第一步是全方位、多角度、多节点分析大量的数据；第二步是分析社交媒体，社交媒体已经成为人们生活中不可缺少的工具，记录了大量的用户行为数据，是大数据的资源宝库。

Bing预测用在跨境营销方面，是帮助企业实现精准营销的武器。通过分析客户的上网行为数据，预测出用户的消费偏好、消费能力等，从而将广告主的广告推向与产品相匹配的客户群。

3. Bing推广实操

Bing推广，某些操作需要比较专业的知识和技巧，跨境电商企业可以考虑选择Bing在中国的代理商，利用优化师专业的数据分析能力，进行广告创建和一系列的设置与推广优化。

Bing推广首先要有微软账户。登录必应广告账户后，进行账户搭建，广告设置的步骤主要是：

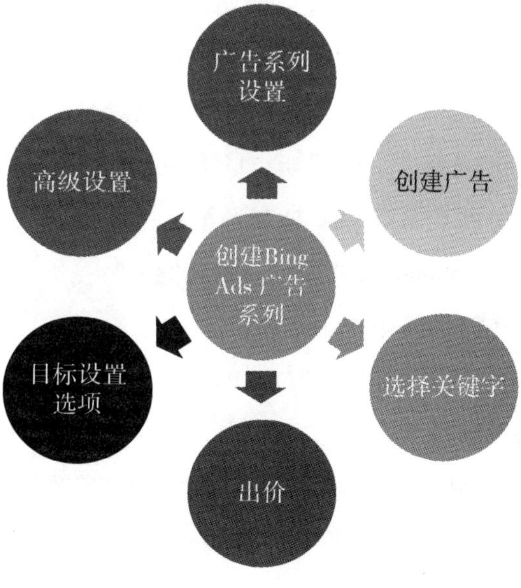

第一步，广告系列设置

主要是广告系列名称、投放时间、预算、语言、位置、高级位置选项的设置；

第二步，创建广告

主要是目标网址、广告类型、广告描述，广告标题还有附加信息的设置；

第三步，关键词选择

可以使用 Bing 关键词规划师筛选关键词，也可以自己输入关键词；

第四步，出价设置

Bing 允许的最低出价是 0.05 美元，可以将最低出价适用于所有关键词。

第五、六步，目标设置选项、高级设置

这部分设置比较简单，主要是定义广告投放渠道、出价模式、广告展示时间、广告展示机制等，只要根据自己的需求选择即可。

6.1.3 Yandex 大数据工厂下的营销推广

1. Yandex 推广　开拓俄罗斯市场

Yandex 是俄罗斯本地第一大搜索网站，市场份额大于俄罗斯 Google，也是东欧、独联体最大的信息搜索网站、最受欢迎的本土网站。

根据数据统计，Yandex 在俄罗斯市场的地位情况如下：

在线搜索市场份额 58%，俄罗斯市场第一；

网络广告市场份额 61%，俄罗斯市场第一；

电子支付 Yandex. Money 俄罗斯市场份额第一；

购物服务平台每月访问用户 2000 万 +；

安卓手机 Yandex 浏览器份额超过 50%；

掌握着俄罗斯独家精度地图数据库。

近年来，中俄贸易发展不断推进。据俄联邦海关局 2017 年 8 月数据，1—6月俄罗斯与中国间的对外贸易额为 383.8 亿美元，年增长率达 35.4%；

与 2016 年同期相比，中国在俄罗斯对外贸易的比重由 13.5% 上升至 14.3%。2016 年中俄贸易额达 661.08 亿美元，2017 年中俄双边贸易额可达 800 亿美元。

俄罗斯已成为中国出口企业的新机会，而"一带一路"倡议提出以来，我国与沿线国家，包括东欧、独联体国家的贸易往来更加便利了，东欧、独联体也逐渐呈现出一片蓝海市场的景象。

而 Yandex 是俄罗斯的第一大搜索网站，同时也是东欧、独联体最大的信息搜索网站，因此，针对俄罗斯、东欧、独联体市场的跨境电商企业做搜索引擎推广，Yandex 是首要选择。

2. Yandex 大数据工厂

Yandex 之所以能够在俄罗斯、东欧、独联体成为搜索引擎的霸主，绝不仅仅因为有本土语言的优势，还因为 Yandex 拥有贯穿每个产品的机器学习和大数据分析技术。Yandex 已发展大数据与机器学习技术多年，分析、运算各式各样的数据越来越多。

Yandex 透过大数据搜索引擎，决定要打造什么新产品，例如根据大数据分析在土耳其推出一款教育应用，根据大数据分析，在 Yandex Music 上推荐用户喜欢的音乐、在 Yandex 电商网站上推荐用户喜欢的商品等。

Yandex 在大数据运用方面，最有特色的就是开设大数据工厂销售 B2B 服务，运用自家的机器学习技术帮助企业做行业大数据分析，帮助分析客户行为，让企业针对不同的客户推荐个性化的产品，有效刺激销售。

3. Yandex 营销推广

Yandex 的推广广告分为关键词广告和媒体广告，关键词推广是用得比较多的推广方式。Yandex 推广的收费规则是，按点击收费，不点击不收费。

（1）关键词推广

Yandex 的关键词推广，搜索结果页面分为特殊展示栏，一共可以展示 3

条广告，这个特殊展示栏的推广位收费较高的，被用户点击的概率也相应较高。

在特殊展示栏的下面，有一个保障展示栏，一共可以展示 4 条广告，这个展示栏的广告位收费相对较低，点击率也相对较低。

（2）媒体广告

Yandex 的媒体广告，就是借助 Yandex 广告联盟的力量，将广告展示在联盟内的各网站上。Yandex 广告联盟聚集了上千家的网站，每天有几亿的广告展示在这些网站上。

6.2　极赛

6.2.1　极赛平台介绍

极赛，是广州英虎网络股份有限公司（股票代码：835946）旗下独立的、同时兼顾第三方平台式的 B2B 平台，以“跨境电商独立才是王道”为服务理念，以 Google、Bing、Yandex 等搜索引擎大数据为支撑，帮助中小跨境电商企业在海外定位蓝海市场，独立营销，精准直达目标客户。

极赛分为极赛国内站（www. jisale. cn）、极赛国际站（www. jisale. com），其中极赛国际站的核心技术产品是极赛精准王。

1. 极赛国内站（www. jisale. cn）

图片来源：极赛国内站首页

极赛国内站，面向国内中小型跨境电商企业，是一个货源聚集的资源平台，为跨境电商企业提供一个产品展示、货源查找、资源共享的免费平台。其中，极赛精准王客户的产品，可以在同类中优先展示。

2. 极赛国际站（www. jisale. com）

图片来源：极赛国际站首页

极赛国际站，面向国际市场的 B2B 模式进行产品展示、营销推广的平台。以大数据为支撑，通过对市场大数据进行分析，以分析结果为导向，助力国内跨境电商企业将产品推向蓝海市场，精准匹配客户资源；为国外买家精准推荐蓝海产品。其中每种产品首页展示结果限 7 个，避免过度对比导致劣币驱逐良币。另外，极赛精准王客户的产品，也有优先展示的机会。

3. 极赛精准王

极赛精准王，是英虎网络的核心技术产品，是基于大数据技术的全球广告智能投放系统。它以大数据分析为导向，优化广告投放策略，并进行有效跟踪监控与调整，实现广告精准投放。

6.2.2 极赛注册、入驻、商品发布流程

1. 极赛注册 & 登录流程

（1）会员注册

第 1 步，看到极赛首页第一屏顶部，点击“免费注册”如下图所示：

第 2 步，为了保证账号安全，输入手机号码，进行验证。填写完注册信息后，完成注册，同时将收到一封注册邮件。

第 3 步，会员注册成功后→“资料管理”→“账户信息”页面，如下图所示：

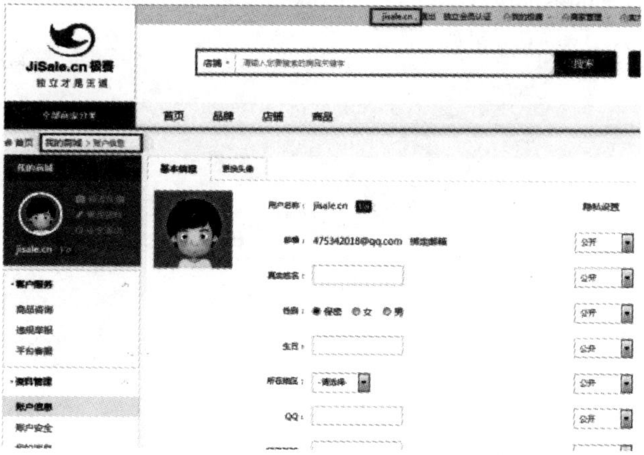

个人会员资料页面，用户可以完善自己的资料，方便功能的使用。

（2）会员登录

第1步，打开极赛首页，点击页面顶部的“登录”或“商家管理”按钮，进入登录页面，如下图所示：

个人会员登录入口

店铺的商家登录入口

第2步，输入您的用户名（用户名/邮箱/手机号）、密码，确认无误，点击“登录”，如下图所示：

第 3 步，成功登录后系统将自动跳转到上一页。

第 4 步，成功登录后您的会员名会在极赛首页的左上角显示，如下图所示：

2. 极赛入驻流程

商家开店入驻前，需要先注册为平台会员。如果还没注册平台会员，需要先注册。

第 1 步，注册为平台会员后，看到首页第一屏搜索框右边，点击申请“商家入驻”，如下图所示：

第2步，在系统的指示下，已注册为平台会员后才可进入入驻流程，签订入驻协议。

登录后点击“我要入驻”

根据情况，选择“个人入驻”或“企业入驻”。

第3步、点击“个人入驻”或“企业入驻”，在详细信息页面填写相关内容，如下图所示：

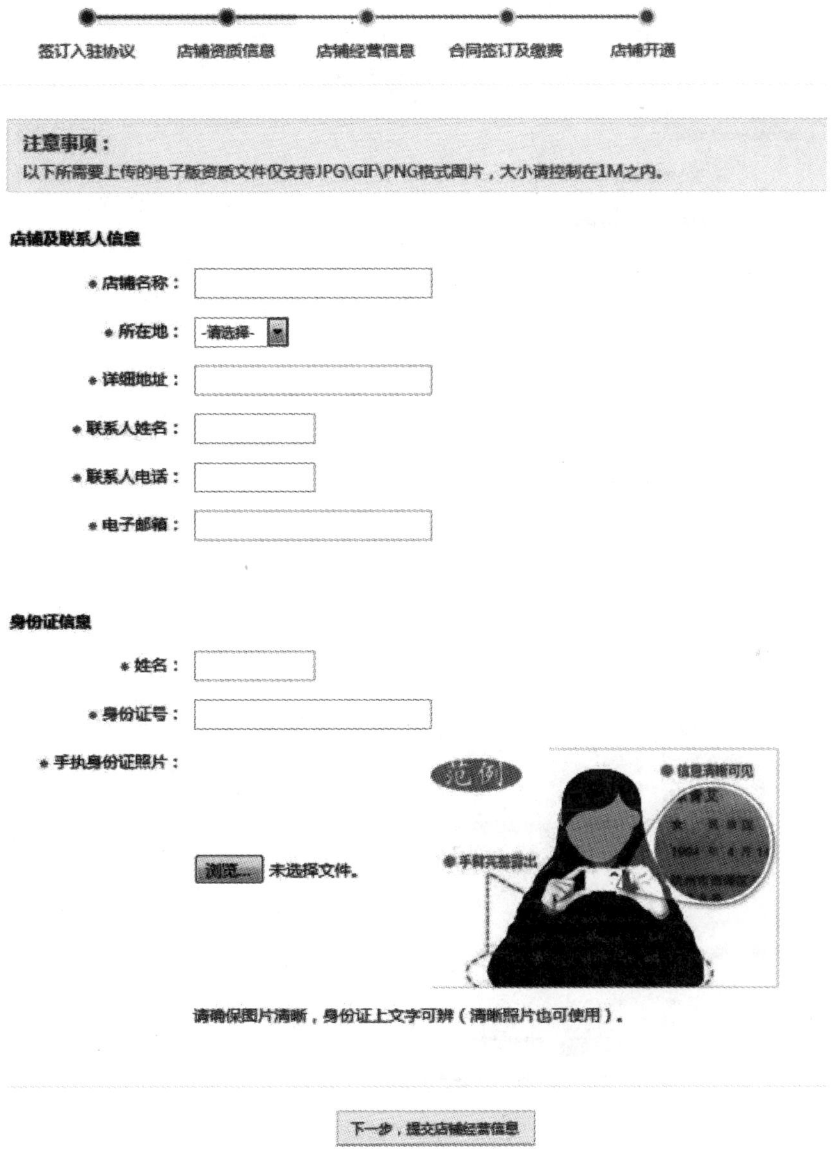

个人入驻需要填写以上信息（带 * 项必填）

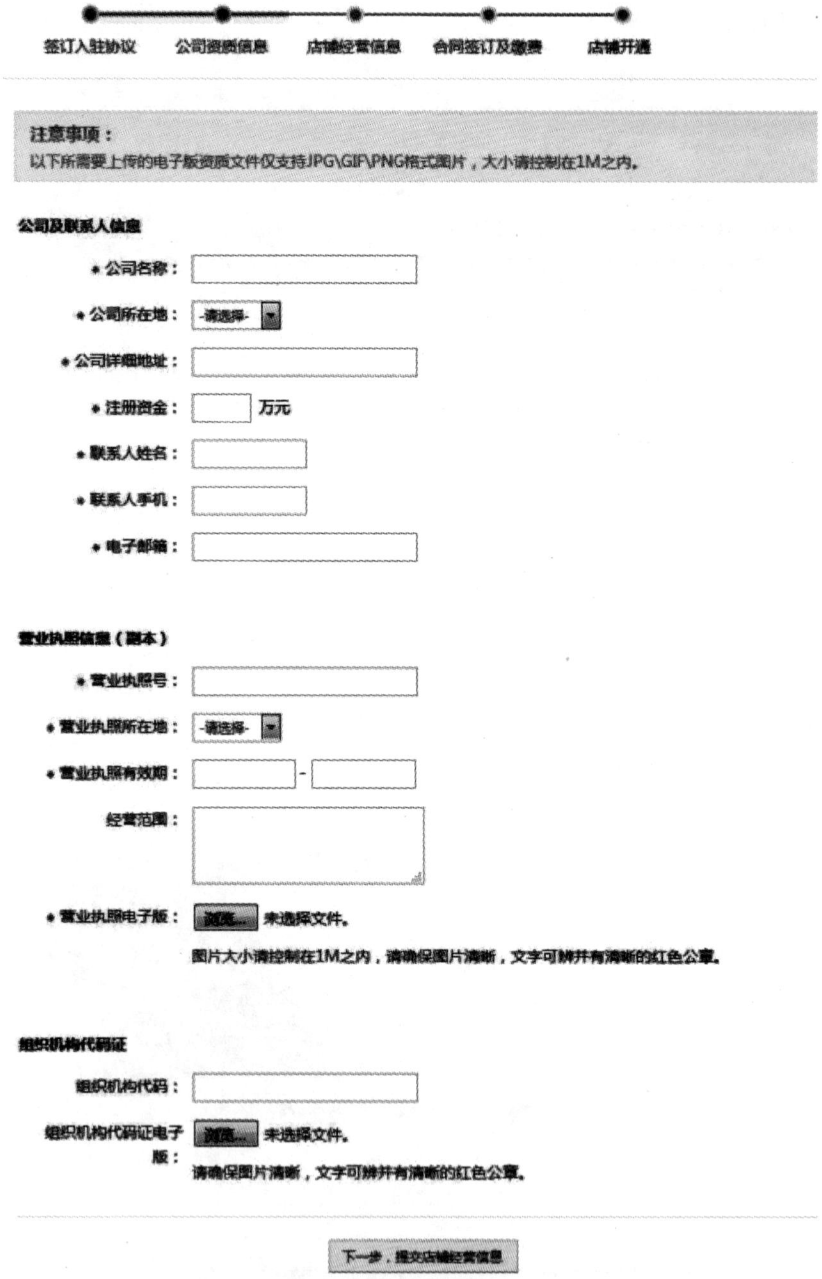
签订入驻协议 公司资质信息 店铺经营信息 合同签订及缴费 店铺开通

注意事项：
以下所需要上传的电子版资质文件仅支持JPG\GIF\PNG格式图片，大小请控制在1M之内。

公司及联系人信息

* 公司名称：
* 公司所在地：-请选择-
* 公司详细地址：
* 注册资金：万元
* 联系人姓名：
* 联系人手机：
* 电子邮箱：

营业执照信息（副本）

* 营业执照号：
* 营业执照所在地：-请选择-
* 营业执照有效期： -
经营范围：
* 营业执照电子版：浏览... 未选择文件。

图片大小请控制在1M之内，请确保图片清晰，文字可辨并有清晰的红色公章。

组织机构代码证

组织机构代码：
组织机构代码证电子版：浏览... 未选择文件。

请确保图片清晰，文字可辨并有清晰的红色公章。

下一步，提交店铺经营信息

企业入驻需要填写以上信息（带 * 项必填）

第 4 步，点击“下一步”之后，需要继续补充店铺账号、名称等信息（注册后不可修改，请谨慎填写）。

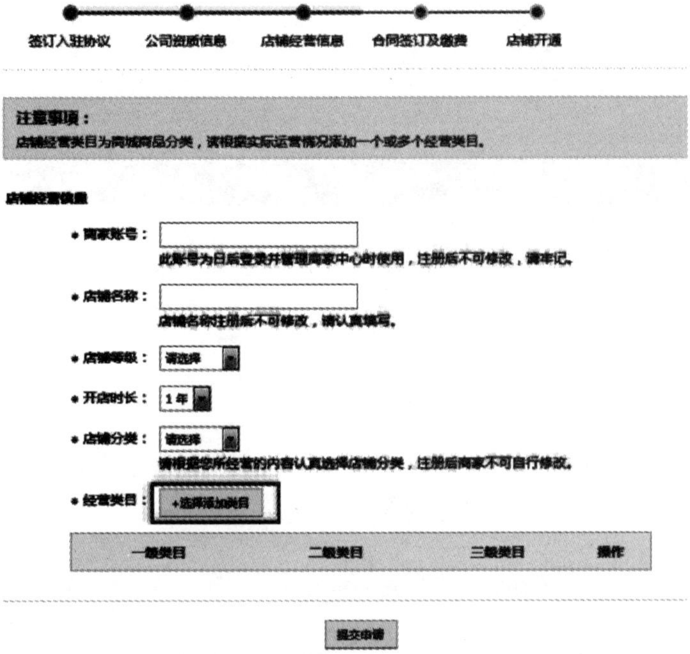

第 5 步，点击“提交申请”，恭喜您，已成功提交入驻申请。

3. 极赛商品发布流程

（1）商家后台布局简述

极赛商家后台主要分为用户模块区、功能模块区、功能选择区和功能操作区。

右上角三个功能按钮，分别是：店铺首页、修改登录密码、安全退出。

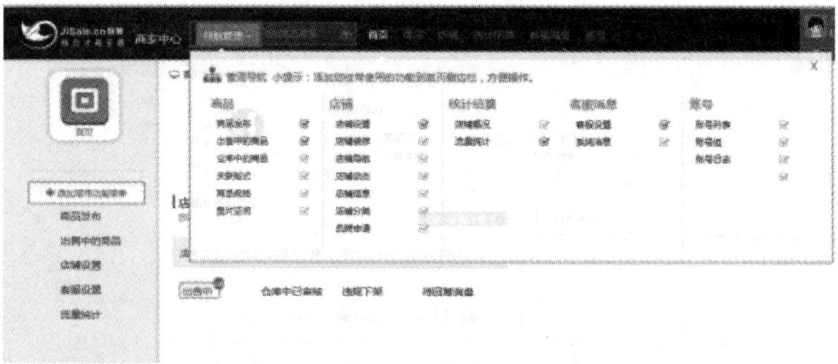

商家管理后台首页左侧栏，可勾选设置经常使用的菜单功能，方便操作，如上图。

（2）商品发布

第 1 步，点击“商品发布”，进入商品发布页面，如下图所示：

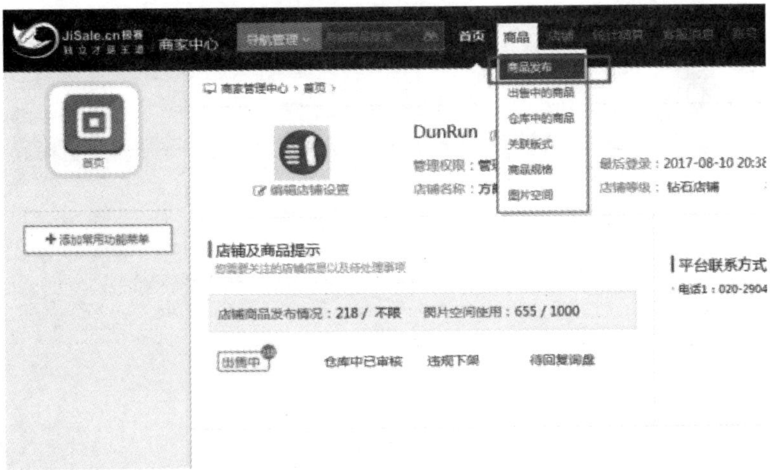

点击分类，显示下级分类，直到最后一级分类，选择完成后点击“下一步”。

（注意：店铺分类由管理员在后台“店铺→”店铺分类中添加和修改，如须更改分类，须联系管理员。）

第 2 步，点击下一步，填写对应的信息项，如下图所示：

（注：商品默认发布到极赛国内站，如须展示在极赛国际站，须选择“国际”按钮，再发布一次。）

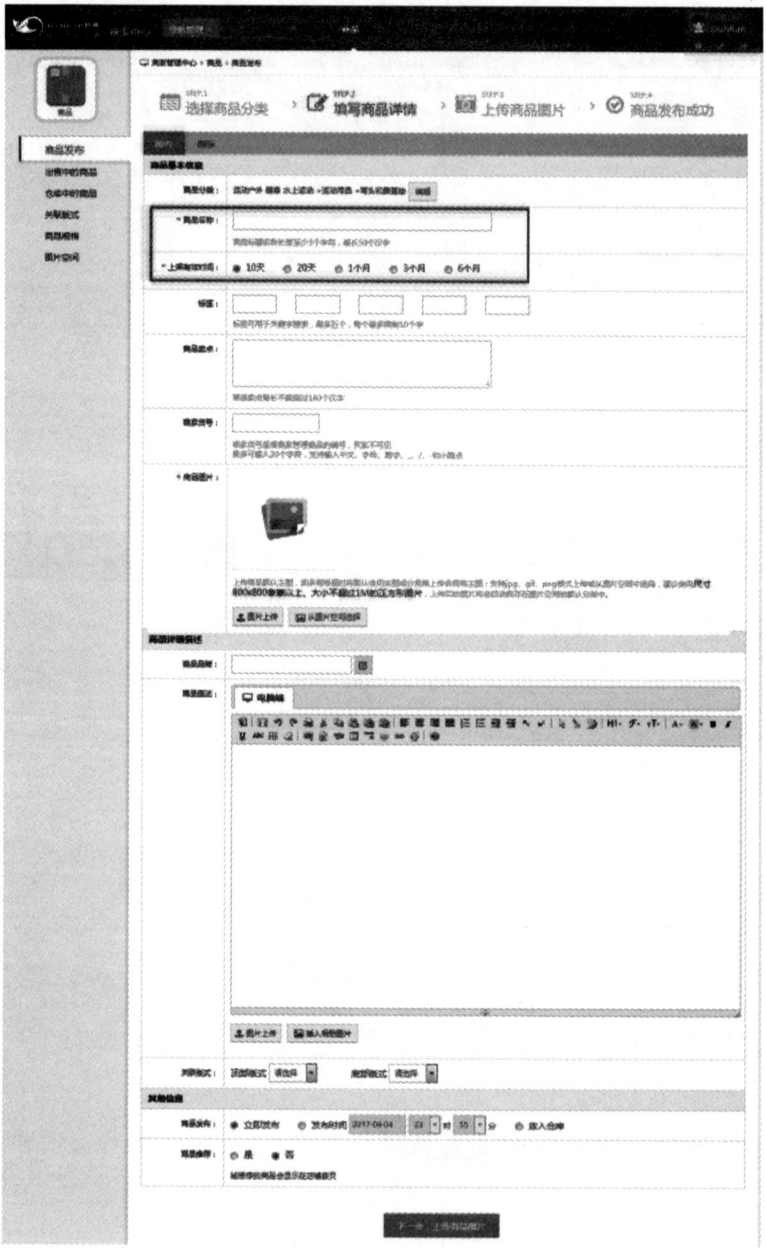

带“＊”项为必填项，请注意选择每个商品“上架有效时间”，到期后，商品将自动下架，须登录后台重新上架。

第 3 步，点击“下一步”，上传商品图片。

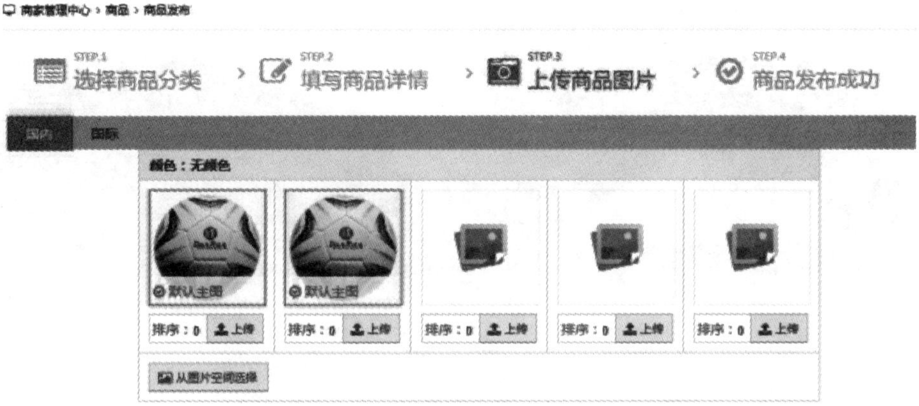

上传商品，可上传多张

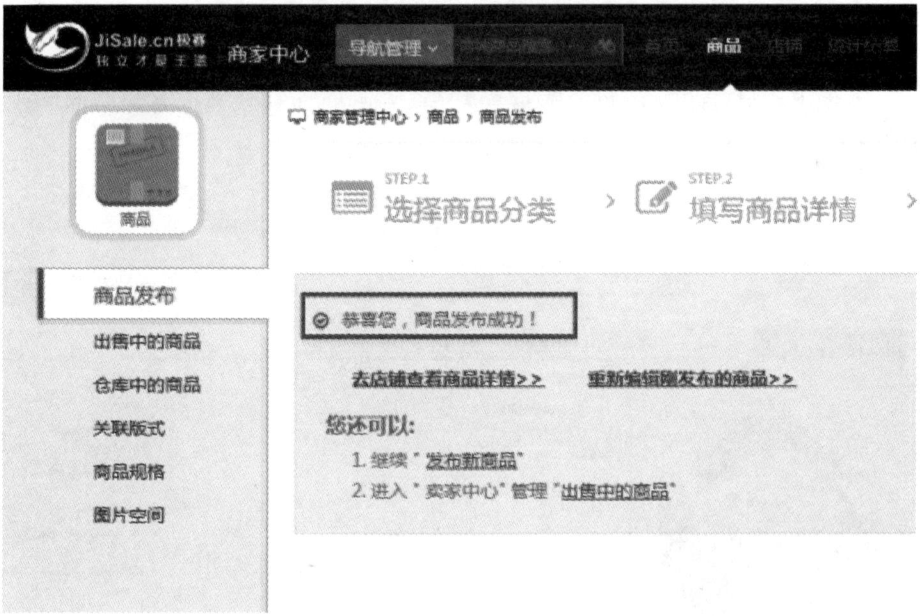

商品发布完后，可选择“去店铺查看刚发布的商品”、也可以“重新编辑修改刚发布的商品”。

点开店铺首页，也可以找到刚发布成功的产品

第 4 步，点击“去店铺查看商品详情”，到店铺查看刚才发布的商品，如下图所示：

6.2.3　极赛大数据推荐服务特色

极赛 JiSale 平台的会员机制分为：普通会员、商家会员（个人/企业）、独立认证会员。

普通会员：极赛国内站与国际站均有注册入口。

商家会员：成为普通会员后入驻极赛国内站开店的会员，可以在极赛申请开设店铺，产品可以选择展示在极赛国内站或者国际站。

独立认证会员：商家会员通过升级，认证为极赛的独立认证会员，可以将产品优先展示在极赛国际站，系统根据大数据分析，将产品推向精准的海外买家。独立认证会员可独享大数据推荐服务。

极赛国际站首页仅显示 7 个卖家的产品，依据 Google、Bing、Yandex 等搜索引擎大数据分析，采用算法推荐机制，也就是根据买家的市场情况、产品需求、产品与市场的竞争程度匹配情况，向买家推荐最具有竞争力的 7 个产品。

对国内卖家来说，依靠极赛的大数据分析能力，可以实现产品与客户的精准匹配，为产品挖掘蓝海市场，提高转化率；对国外采购商来说，可以快速找到自己的目标产品，并且是自己所在市场最具有竞争力的产品。

极赛国际站商品详情页设置卖家“官网链接”独立引流

极赛秉承“跨境电商独立才是王道”的服务理念，极赛国际站以大数据为支撑，对卖家网站进行独立引流，商品详情页设置了卖家“官网链接”，买家可选择前往卖家官网了解更多产品信息和询盘。

极赛国际站展示的商品，没有价格信息，避免了买家的比价，也避免了卖家之间无序的恶性价格竞争，旨在让商家企业能更专注做好产品，用优势产品对接蓝海市场，实现真正的买卖双赢。

6.2.4　极赛独立精准王的数据化精准营销

图片来源：极赛独立精准王

极赛独立精准王，是广州英虎网络股份有限公司独立研发的一款海外精准营销推广系统，结合 Google、Bing、Yandex 等搜索引擎大数据分析，通过关键词匹配精准定位客户，致力为跨境电商出口企业实现真正的蓝海营销。系统智能实现广告投放，合理出价，屏蔽无效 IP，提供全程效果跟踪报告，不断优化营销策略，实现精准营销。

极赛独立精准王实现精准营销的过程如下：

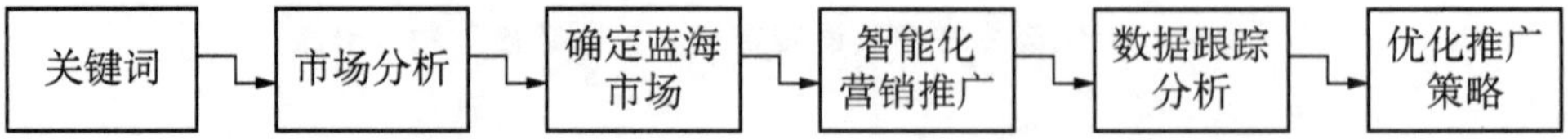

关键词：确定目标推广关键词。

市场分析：以产品关键词为依据，对相关市场进行分析，分析产品在具体市场的竞争大小（同行商家入驻）、需求量（表现为搜索量），商机大小等情况。

确定蓝海市场：以产品关键词为基础，分析不同的相关市场，根据不同市场的数据分析结果，挖掘出产品的蓝海市场。

智能化营销推广：根据详细的市场分析结果，制定最佳的营销策略，包括广告内容、投放区域、定位、时段、预算等，进行智能化营销推广。

数据跟踪分析：实时跟踪分析推广数据，形成大数据分析报告。

优化推广策略：根据数据报告，分析营销推广策略的效果数据，并不断调整、优化营销策略，实现精准营销，提高回报率。

6.3 阿里巴巴国际站

6.3.1 阿里巴巴国际站介绍

阿里巴巴国际站是阿里巴巴集团最早创立的，成立于1999年，是目前全球领先的跨境第三方B2B电子商务平台。阿里巴巴国际站专注于服务全球中小微企业，提供一站式的店铺装修、产品展示、营销推广、生意洽谈及店铺管理等全系列线上服务，让外贸企业在出口流通环节变得更加便利和顺畅。

图片来源：阿里巴巴国际站首页

在运营方面，阿里巴巴国际站提供一站式的店铺装修、产品展示、营销推广、生意洽谈及店铺管理等全系列线上服务和工具，帮助企业降低成本、提高开拓海外市场的效率。

阿里巴巴所走的全球化路径和其他企业的全球化路径不一样，其他企业的全球化可能更多的是业务全球化，而阿里巴巴的全球化是电商基础设施的全球化。阿里巴巴国际站也正在朝着搭建在线支付、物流、云计算的基础设施方向走，并依靠大数据技术帮助中小企业通向世界。阿里集团董事局主席马云也在 2017 年的阿里巴巴 18 周年年会上描绘出他的愿景：打造惠及全球的“新经济体”。通过这个新经济体，让中小企业在未来能够做到全球买、全球卖、全球付、全球运和全球邮，享受技术革新的益处。

贸易的最大壁垒很多时候是信任问题，有时候企业最大的挑战不是同行比自己有多优秀，而是谁更容易获得买家的信任。阿里巴巴推出的信保，依靠大数据分析结果预判卖家的信用评分，是阿里巴巴国际站给予卖家排名的重要依据，也是阿里巴巴打破贸易壁垒的重要工具。

6.3.2　阿里巴巴国际站大数据玩法

在大数据时代，通过大数据的分析与预测，商业活动变得准确、便捷，低成本变成了现实。阿里巴巴可以说是一个“大数据公司”，阿里巴巴国际站是一个生态级的平台，不光是产生了大量的用户数据，也让数据产生了价值。

在阿里巴巴国际站交易平台上，平台大数据可以帮助卖家更好地管理企业与店铺。例如卖家可以根据店铺长期经营数据的跟踪分析，预测流量与询盘情况，结合外贸人员的工作能力，合理控制用人数量；根据长期的点击数和订单数的关系，做运营调整。数据的积累，除了帮助企业实现更好的管理，还能帮助企业打通客户、物流、交易、金融多个环节，更好更顺利地进行跨境贸易。

阿里巴巴国际站平台大数据向企业提供的一个最重要要素就是信用。当买家与卖家之间的交易行为在平台上进行时，这些交易行为数据将会被记录下来，这些数据不断积累，反映企业的信用、稳定性、规模、业绩情况，甚至是预测企业的未来发展。在大数据参与的信用体系下，买家与卖家之间的信任问题得到了很好的解决，有利于促成订单的完成。

6.3.3 阿里巴巴国际站大数据裁判下的规则变化

说到跨境贸易第三方平台的规则，我们一般最先想到的是平台对卖家的诸多规则和限制条件，然而阿里巴巴国际站近年也针对买家建立了一些规则和限制条件。

阿里巴巴国际站依靠算法，以及平台数据分析能力，分析产品销售情况、卖家行为、买家行为等数据信息，做出决策判断，实现对买家、卖家行为的规范化管理。这些主要体现在规则的变化上：

对买家：

a. 买家要提供身份证号、税号、护照号（身份证验证）等信息，以保证买家的真实性；

b. 通过信保交易数据、一达通数据等来甄别买家是否在阿里巴巴国内站产生过交易；

c. 引入社交网站如 LinkedIn、Facebook、Google、Micosoft 的个人信息数据，分析这个买家的社交活动；

d. 2015 年起，对认证的买家、卖家进行有效的评价，必要时公开不良的记录；

e. 关注买家在阿里巴巴国际站的行为，包括询盘与 RFQ 的时间、频率、搜索习惯、数量等数据。

对卖家：

a. 每条一达通出口数据对应绑定 1 个产品，绑定之后不能修改，给产品增加销售记录，而 2016 年刚出现的时候一条一达通数据可以绑定 20 个产品；

b. 2009 年推出团批，2014 年推出在线批发，2016 年推出一口价；

c. 外贸直通车星级降低，优推失效；

d. 系统加大了对重复产品和近似产品的打击力度，卖家对系统提示的标题堆砌、重复铺货、无效产品等应该立即删除，避免被处罚；

e. 对类目错放、标题描述违规、虚假价格进行严格整处。对不参与搜索排序的产品，若其逾期不整改则将产品下架且不可编辑；对被系统检测或举报违规的店铺给予一定天数的排名靠后处罚；对问题商品累计达到一定量的店铺给予长期的排名靠后处理，情节严重则屏蔽店铺。

6.3.4　阿里巴巴国际站产品排名规则

相信做过阿里巴巴国际站的企业都知道，阿里巴巴国际站上产品的排名，靠前的一般是做了付费推广，紧接在广告位后面的才是优化得很好的自然排名产品。目前，阿里的排名规则大体上是：每页默认显示50个产品，第1位是顶级展位的产品，通过竞价进行抢购，第2—6位是做了P4P（外贸直通车）的产品，接下来就是自然排名的产品，根据产品、店铺年限、信用评分等综合给予排名。

1. 关键词竞价固定排名

阿里巴巴的关键词竞价固定排名，是一定时期内的固定排名，也就是通过竞价的方式，卖家能够获得在阿里巴巴某个关键词搜索结果页中，某一个固定位置的排名。

关键词竞价固定排名，也就是某个关键词按出价的高低排名，出价越高的卖家在这些固定位置中的排名就越靠前。固定排名的效果相对较好，一般是卖家对自己的优势产品进行推广，展示在热门关键词排名结果首页的一种推广方式。这种通过关键词竞价，获得一个较长时期内的固定排名方式，推广效果较好，但是费用也相对较高。

2. 外贸直通车（P4P）竞价排名

阿里巴巴的外贸直通车（P4P）竞价排名，是按点击付费的网络推广方式，通过出价获得第一页前5位（除去固定资源位、顶级展位等外）、每页右侧 10 个和下方 4 个智能推荐位。

阿里巴巴外贸直通车的操作流程:

选品:平台系统会同步所有 MA 产品,卖家选择想要推广的产品加入推广。

选词:系统根据所有产品与推广产品向卖家推荐合适的关键词,卖家根据系统推荐和自己的判断添加最终关键词。

出价:关键词选择完成,卖家根据期望排名与预算对关键词出价。

(1)阿里巴巴外贸直通车扣费规则

阿里巴巴外贸直通车的扣费按照“点击扣费,曝光不扣费”的原则,但最终实际扣费不是按照卖家出价扣费的,而是依据卖家和其他客户的排名关系、出价和推广评分结算出实际扣费。

当卖家的产品排在竞争该关键词客户的最后一名时,或者卖家是这个关键词下曝光的唯一推广产品时,卖家所需要支付的点击价格为该关键词的底价(底价在卖家关键词出价页面会展示出来)。

在其他情况下,卖家所需要支付的点击价格 = {(下一名客户的出价 × 下一名客户的推广评分)/ 卖家的推广评分} + 0.1 元。也就是说,卖家的产品信息质量越好、产品与推广的关键词越匹配、买家喜好度越高,那么扣费就会越低。

(2)阿里巴巴外贸直通车优化技巧

根据目标市场客户上网时间调价。例如针对亚洲市场,建议早上调价,早上会比下午 4 点价格相对便宜一些,因为有些卖家推广会提前下线。下午 3 点钟 P4P 方案全部上线,加上大家都调价,价格会高并且位置不稳定。因此,延迟到下午 4—5 点出价会更好。

选择强相关性的长尾关键词。强相关性的关键词比较精准,而长尾关键词竞争度比较低,出价可以相对较低,这样就能够以比较低的成本吸引比较精准的流量。

优先推广一个产品打造爆款。一个产品的标题应该是一个主关键词,加上若干个长尾关键词组成，但每个关键词都应该优先推广这一个产品，这样的效果会比较明显，也容易打造爆款产品。

如果有往年相关的P4P推广数据，对这些数据做整理与分析，可为推广策略的制定提供重要参考。

3. 一达通与阿里巴巴国际站排名

一达通成立于2001年，面向中小企业的进出口流程外包服务平台，通过互联网（IE + IT）一站式为中小企业和个人提供通关、物流、外汇、退税、金融等所有进出口环节服务。

2010年11月，一达通加入阿里巴巴后，形成了从“外贸资讯”到“外贸交易”的一站式服务链条，是典型的中小外贸企业类公共服务平台。阿里巴巴一达通基于交易平台服务启动了信用保证体系。在这个体系下，基于大数据思维，每个出口企业在阿里巴巴国际站上的基本资料信息、历史交易数据和其他综合信息，成为一达通授予相应的信用标识和保障额度的重要依据。

通过分析出口企业的动态数据，一达通掌握了企业的实际运营与贷款情况，同时根据交易数据，对出口企业进行信用层级划分，对于保有优质交易数据与交易信誉的外贸企业，提供更高的授信额度与优惠的支付账期。此外，通过一达通获得越高的信用分，企业的产品或店铺在阿里巴巴国际站的排名就越有优势。

6.3.5 企业如何利用阿里巴巴RFQ获取订单

进入阿里巴巴首页，可以看到一个比较醒目的导航按钮“One Request, Multiple Quotes（一个请求多个报价）”，也就是阿里巴巴的RFQ。买家通过该途径可以直接就某个商品发布采购信息，获取多个供应商的报价，然后做对比和选择。这是阿里巴巴为买家提供的一键式采购工具，也相当于一个比价工具，也是卖家以此主动出击获取订单的工具。跨境电商企业该如何利用好

RFQ 收获订单呢?

1. 获取最新的 RFQ 信息

在阿里巴巴上获取最新的 RFQ 信息，最直接的方式是通过产品关键词在 RFQ 市场搜索采购需求信息，可以通过发布时间、商品类目、买家所在市场、语言等辅助条件，去获取符合自己供应范围的、更精准的 RFQ。

另外，卖家要充分利用好限时报价的 RFQ，阿里巴巴会根据卖家在平台上展示的主营商品、类目、报价行为等信息给卖家匹配最新的、符合供应范围的 RFQ，卖家能够通过邮件接收到最新的 RFQ 通知，然后前往报价。

除了直接查找和限时报价的 RFQ 获取最新的 RFQ 信息，还能通过商机订阅获取最新的 RFQ。卖家订阅之后，系统会在第一时间向卖家通知最新的、相关的 RFQ 信息。

2. 辨别优质的 RFQ

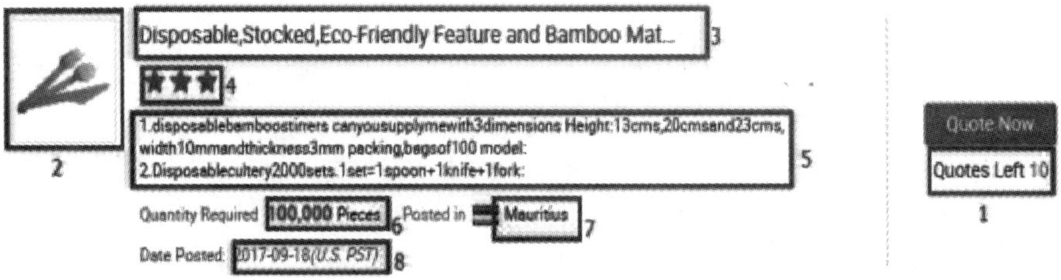

图片来源：阿里巴巴 RFQ 市场

通过 RFQ 展示信息初步辨别：

第一步，查看最右边的 1 模块信息，也就是报价剩余席位，如果没有剩余席位，尽管商品符合自己的供应能力也没办法继续报价。

第二步，通过上图中 2、3、5 模块信息，也就是商品图片、标题、需求描述，判断这个采购需求是否符合自己的供应能力。

第三步，看 4 模块，这个 RFQ 是否带有评级标识，该评级越高，说明这个 RFQ 的质量越高。

第四步，查看 6、7、8 模块信息，也就是需求量、需求地、询价时间，进一步判断自己能否满足这样的需求量、出口地，时间可用来辅助判断这个采购单的竞争情况，如果是很多天以前来询价，仍然还有剩余席位，说明能够满足这个采购需求的供应商可能是很少的。

通过 RFQ 详情信息深入辨别：

第一步，看商品详细信息。这是买家自己编写的，信息越详细，商品需求也就越详细具体，RFQ 的质量也相应越高。

第二步，查看 RFQ 是否附有附件。附有附件的 RFQ，一般是采购需求更进一步的信息，包括需求商品的型号、颜色、款式、数量等信息的罗列，有附件的 RFQ 质量自然也比较高。

第三步，看是否有“Email confirmed”“Active buyer”“Trade active”这些标识。有这些标识说明这是个不错的 RFQ。

3. 做好 RFQ 报价

经过上面的分析与辨别，甄选与自己供应范围匹配度较高、质量不错的 RFQ 之后，就是报价环节了。报价是获取订单的关键环节，因此跨境电商企业报价就要做到高效、高质。

（1）报价单详细全面，无可挑剔

很多企业在给 RFQ 报价后，买家却发现有很多价格之外的不满意因素。主要表现为报价单关于产品描述的信息不完善，导致买家无法判断商品是否符合自己的采购需求。

卖家做 RFQ 报价时，产品名称、产品编号、产品详细参数、产品型号、产品特征、产品相关认证证书、产品颜色、产品尺寸大小等信息，必须要明确清楚备注，供买家参考决策。

（2）清晰的产品图片，与竞争对手拉开距离

虽然在报价单上产品图片不是必须要有的信息，但是有清晰的产品图片，特别是产品细节图，会让报价单更出彩。买家能够更全面了解到产品的信息，对报价单的满意度也会提升不少。这样的报价单可能因为图片而加分不少。

（3）价格是核心，越详细越给力

报价单上所使用的报价方式不同，表现出来的价格也会不一样。比如采用的是 FOB、CIF，还是 CFR 等，为了方便买家快速做出决策，可以同时提供几种方式的报价。

此外，卖家还应该在报价单上明确展示装运条款、付款方式等信息，越详细的报价单，买家得到的信息就越多，就会感觉卖家越可信。有时候可能价格比竞争对手高一些，但因为报价单信息的详细全面，卖家也会获得买家的青睐而收获订单。

值得注意的是，报价的有效期建议不要太长，一方面因为汇率的变动难以预测，另一方面因为过长的有效期，商品原材料发生变化的可能性变大，卖家要承担的风险很大。

（4）用附件展示更多品牌信息

在平台上，由于可能无法展示关于卖家品牌的过多信息，卖家不能很好地把自己的优势向买家展示。产品相关证书、企业风采、客户合作案例、公司实力、厂房设备等情况，卖家可以借助附件的方式，向买家展示这些信息。此时建议使用 PDF 文件，方便使用不同设备的买家查看。

（5）后期跟进 RFQ

有的卖家可能会发现，提交的报价迟迟不被查看。主要的原因是因为这个 RFQ 收获了比较多的报价，自己的报价被其他的报价埋没了。

这并不代表卖家就无计可施了，如果是一个利润点很好的 RFQ，卖家还是非常有必要主动采取措施去争取的。卖家可以在平台上报价之后，同时给买家的邮箱或者通过站内信追发信息。

在这之后，卖家应该实时关注这个 RFQ，可以主动联系买家，提醒买家查看报价，或者主动洽谈，吸引买家的注意。

6.3.6　挖掘阿里巴巴数据、信息价值做排名优化

1. 关键词选取技巧

（1）借助阿里指数选取关键词

通过阿里指数可以查找商品、行业、属性、商家的关键词搜索排行榜，根据排行榜情况选取最热门的关键词。

阿里指数中，关键词的搜索排行榜有三种划分，分为热搜榜、上升榜、转化率榜，跨境电商企业可以根据自己的期望要求选择相应的关键词。

（2）参考 1688 搜索栏热门关键词

1688 是阿里巴巴的国内站，有不少外贸出口中间商在此采购，在这里查找热搜关键词，往往意味着热搜关键词代表的产品有很多中间商在查找，也就是海外需求情况好。

在 1688 搜索栏中输入目标产品名，在搜索栏下拉框会显示相应的推荐关键词，这些关键词可以作为一个很好的参考。

（3）参考阿里巴巴国际站本身的搜索优化词

在阿里巴巴国际站产品搜索框内输入目标产品名，在跳出的页面空白处单击右键，选择“查看源代码”，在源代码的上部分，有 3 对标签，分别是标题标签 <title> </title>、关键词标签 <meta name = “keywords” content = “关键词” >、内容标签 <meta name = “description” content = “描述” >。在这 3 对标签里，可以看到阿里巴巴国际站用于搜索引擎优化的关键词。这些关键词可以作为选取关键词的参考，使用这些关键词的好处是可以免费获取阿里巴巴从搜索引擎引过来的流量。

2. 标题优化技巧

（1）标题的合理组合

除了产品名称外，可以借助产品的属性、特色、型号等来组合成长标题。

产品的属性、特色、型号等关键词，可以根据上面提到的阿里指数去选择。

（2）标题优化

标题的主关键词与其他修饰语组合编写标题时，主关键词一般放在标题的前部分或者后部分位置。

另外，在产品展示排序上，阿里巴巴国际站会参考产品上架时间进行排序，所以，卖家尽管没有更新产品，也应该根据阿里巴巴热搜词来定期对产品的标题进行更新和完善，标题的优化是一个长期性的工作。

3. 店铺优化技巧

店铺的优化更是一项长期性的工作，要想店铺和产品在阿里巴巴保持一个相对好的排名，就必须对店铺进行持续不断的优化，没有最好的，只有越来越好。

（1）定期更新产品图片

定期检查店铺产品图片，拥有新产品新图片的情况下，用新图片把旧图片替换。当然，如果某一个产品是店铺的爆款产品，替换图片就应该谨慎考虑或者延迟。

（2）关键词适当分布

关键词的适当堆砌，也是优化的一种有效手段，在标题、产品描述信息、产品详情、图片描述等都应该有关键词。

（3）丰富店铺产品数量、品类

一个品类或产品数量很少的店铺，给人的感觉是人气不足，甚至生意惨淡。而阿里巴巴国际站的排名，在一定程度上与产品数量、类目有关。因此，适当丰富产品的类目、数量，在产品类目供给有限的情况下，可以通过丰富产品款式、型号的方式，丰富店铺的产品数量与品类。

（4）完善企业信息

阿里巴巴店铺有一栏是填写企业信息，有很多店铺并不重视店铺企业信息的完善，有些店铺企业信息不够，复制几段相同的文字，或者是直接使用平台上的模板图片，显得店铺毫无特色。

（5）定期分析总结阿里巴巴排名规则

平台的排名规则变化是难免的，要想在阿里巴巴国际站有良好的排名，就要时刻关注平台的排名规则变化，并做分析，及时根据规则变化对店铺进行调整。

6.4 亚马逊

6.4.1 亚马逊平台介绍

亚马逊（Amazon），成立于1995年，是美国最大的电子商务公司，也是目前电子商务市场上覆盖范围最广的公司，它的发展预示着市场的走向。亚马逊在模式上是一个全球性的B2C电商平台，近年来该平台上来自中国的卖家越来越多。

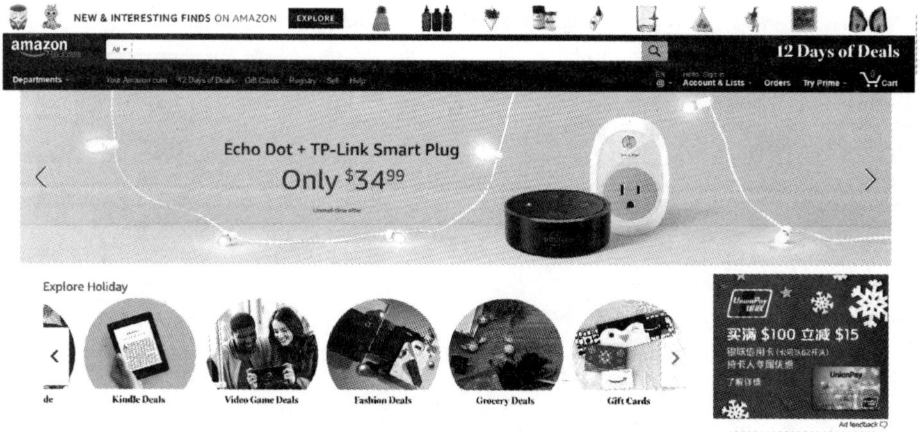

图片来源：亚马逊美国站首页

1995年至1997年，亚马逊第一次定位：成为“地球上最大的书店”；

1997年至2001年，亚马逊第二次定位：成为“最大的综合网络零售商”；

2001年至今，亚马逊第三次定位：成为“最以客户为中心的企业”。

经过不断的业务拓展，目前亚马逊已经成为拥有全球商品品种最多的网上零售商，网络交易平台已覆盖中国、美国、加拿大、巴西、墨西哥、英国、德国、法国、西班牙、意大利、荷兰、日本、印度、澳大利亚14个国家站点。其中，澳大利亚站点在2017年11月份陆续向卖家开放。另外，亚马逊在2018年主推日本站和德国站。

亚马逊平台上不仅销售全新的商品，还有翻新、二手商品销售，行业涉及图书、音乐和游戏、影视、电子和电脑、数码下载、玩具、婴幼儿用品、玩具、家居园艺用品、服饰、鞋类和珠宝、食品、健康和个人护理用品、体育及户外用品、汽车及工业产品等众多领域。

6.4.2 亚马逊“全球开店”项目

虽然目前亚马逊平台网络已覆盖14个国家站点，但只有9个站点开放“全球开店”，分别是：北美站的美国、加拿大、墨西哥；欧洲站的英国、法国、德国、意大利、西班牙；亚洲站的日本。

亚马逊“全球开店”，并非只要注册了一个亚马逊账号，店铺就能面向全球消费者，而是通过“全球开店”注册开店，店铺能够在同一个站内的多个站点通用，例如在北美注册开店，这个店铺就能够在美国站点、加拿大站点、墨西哥站点通用。

亚马逊的专业卖家与个人卖家的区别：亚马逊账号主要有两种类型，分别为专业销售计划和个人销售计划，即我们常说的专业卖家和个人卖家，其具体细节见表格（第166页）。

全球开店的注册方式有两种：

自注册：直接点击登录亚马逊官网 gs. amazon. cn 进行注册。

联系招商经理注册：对接亚马逊全球开店招商经理，通过招商经理提供的注册链接进行注册。其优点为通过招商经理注册账号，卖家注册全程有招商经理辅导。店铺运营过程中，招商经理会及时提供平台规格变化的信息，以及发放平台活动报名链接和平台现场讲座视频链接。

亚马逊的专业卖家与个人卖家的特点

主要区别	专业卖家	个人卖家
注册主体	个人/公司	个人/公司
Listing 数量	无限制	无限制
Promotion 平台促销活动	是	否
订单数据报告/相关表格上传	是	否
区别:	可以通过创建促销计划和礼品服务来提高销量与店铺流量; 可以通过完美的客户指标和具有竞争力的价格来抢获黄金购物车,提高销量; 可以通过良好的店铺表现成为亚马逊特色卖家,增加店铺的曝光机会和提高转化率	不能创建促销计划和礼品服务; 不具备抢获购物车的功能; 没有争取获得亚马逊特色卖家的权限; 只能通过单个添加来上传产品,没有订单数据报告

亚马逊毕竟是美国企业的跨境电商平台,其后台操作、系统规则,以及后期的运营等事项,与中国企业的阿里巴巴、速卖通等平台的思维模式与规则不大一样。不熟悉亚马逊运营操作与海外客户的思维习惯,是摆在很多卖家面前的一个障碍,卖家可以选择亚马逊方面的代运营服务商,如亚马霸略(www. amazon86. com),借助其专业服务团队扫除发展障碍。

6.4.3 亚马逊选品之道

做跨境电商,选品的重要性不言而喻,尤其是在重产品轻店铺的亚马逊平台,选品这一步走好,后续打造 Listing 的工作才更好进行。

1. 亚马逊选品注意要点

（1）了解市场需求

不同的市场有不同的需求，选品前要做好市场分析，了解目标市场的需求状况，以及对产品的特殊要求。例如非洲市场，对建材、日用品、电子产品、医用产品等的需求量较大，此外，出口到非洲的产品有严格的清关认证，因为他们需要保证进口的产品是安全可靠的。

（2）明确自己的风险承担能力

为什么说卖家在选品之前，要明确自己的风险承担能力呢？因为，亚马逊对买家是无条件退货退款的。从亚马逊 FBA 发出去的产品，如果买家退回来后不影响二次销售，亚马逊可以重新贴标销售，而重新贴标需要收取费用；如果买家退回来后影响二次销售，产品可以正常使用，此时有两种处理方法：一是卖家丢弃该产品，亚马逊收取弃置费；二是退回给卖家，物流成本非常高。所以说，如果买家退货，无论哪种处理方式，卖家都需要付出一定的成本，此外，还要考虑 FBA 仓储费。因此卖家要衡量好选品的价值、利润、退货成本之间的关系，结合自身的风险承担能力做出选择。

（3）了解产品当前的利润空间

产品在不同的时期有不同的利润空间。一个新产品刚面市时，需要投入较多的推广成本，利润空间较小；一个处于热销期的产品，认知度已较高，因此销量和利润空间都在增长；而进入衰落期的产品，竞争激烈，利润空间减少。因此，卖家最好选择热销期的产品，推广成本较小，利润空间大。

（4）考虑货源问题

对于中间商卖家来说，选品还要考虑货源问题。要考虑意向选品是否能够找到稳定的供货渠道，产品质量、价格、产地等是否具有优势等，这些都会影响后续产品的定价、利润空间、竞争力、销量、客户评价等。

2. 亚马逊选品技巧

（1）确定选品方向

在亚马逊选品这个过程中，首先需要明确的是，卖家根据自身现有的资源和供应优势，选择有利的行业，也就是明确做什么方向的产品，并结合选品工具，选出最终要做的产品。

（2）分析市场容量、竞争程度

确定好选品方向之后，需要进行市场分析。其中，市场容量是一个不可忽视的重要因素。如果你选的是市场容量很小的品类，消费人群也不会特别多，当然，Listing 的转化率也不会高，这样不利于打造爆款。当然市场容量也不是越大越好，如果一个产品的市场容量很大，竞争也很大，那么这个产品的商机是很小的。

因此，选择一款市场容量较大、竞争热度小的产品，对中小卖家而言，是非常有利的。那么，如何分析一个产品的市场容量和竞争程度呢？

卖家可以关注亚马逊站内信息，如 best saller，亚马逊每隔几个小时会对每个类目的销售情况进行统计，根据销售量、转化率、评分、店铺绩效等因素抓取 Top100 产品。

卖家也可以借助第三方选品工具，通过直观的统计数据，分析产品的市场容量和竞争程度，从而判断产品在某一市场的商机大小。例如，赢搜商机分析系统（www. winsog. com），通过输入产品关键词，并根据需要切换产品关键词和目标市场，就可以看到产品在某一市场的市场容量、竞争情况，系统还能根据产品的市场数据综合分析出商机大小，这对卖家的选品具有很大的参考价值。

卖家还可以关注一些专业的亚马逊代运营机构的选品专题活动，比如亚马霸略（www. amazon86. com）就有定期的选品专题可供参考。

（3）价格定位

成功推出一款产品，和设置一个适合市场走向的价格是息息相关的。如果设置的价格过高，则不符合市场走向，反之，如果设置的价格过低，则无法支持后续运营过程当中产品广告费用的支出，这也不符合当初运营产品的理念，无法体现出其市场价值。

因此，在选品过程当中，价格也是不可忽视的因素。分析市场价格，可以调查亚马逊页面中前 4 页亚马逊产品的市场走向，并根据自身产品的价格，确定是否有足够的利润以及利润率去支持运营当中的成本支出，从而判断是否选择这个产品。

（4）关注亚马逊新品排行榜、心愿单

亚马逊官网除了发布 best saller 的信息外，还有一些重要的信息，比如新品排行榜和心愿单等。

亚马逊官网会定期更新 top100 新品的信息，卖家可以查看产品的走势，发现新品与流行趋势。心愿单包含 buyer 暂时不买但会有需求的产品，此功能类似于某宝的“加入购物车”。亚马逊也会定期更新心愿单的 top100 产品。卖家选品时，可以综合参考新品排行榜、心愿单以及心愿单排行榜。

（5）查看产品品牌

品牌在亚马逊运营当中有着举足轻重的地位。卖家要避免千辛万苦选了一款适合的产品，将其上架之后被亚马逊发现，才知道产品侵权。产品侵权不可怕，可怕的是侵权之后带来的连锁反应。一旦被判定侵权，店铺流量下降是难免的，更可怕的是店铺被封、无法申诉回账号、资金被冻结等等。

这里值得注意的是，侵权一般指产品外观侵权、产品功能性侵权、版权侵权、发明专利侵权、设计专利侵权等等。因此，在选品时，也需要详细了解产品是否存在侵权风险。同时，卖家也应该有品牌意识，建立自己的品牌优势才是长久之计。

（6）产品质量

在亚马逊的经营理念中，产品的质量是重要考虑因素。产品质量不好，自然会造成客户购买体验不好，评分也就不会高。卖家店铺的产品不需要多，主要在于精。因此，卖家在选品时，要注重把控好产品质量，这样才能在后续的运营中得心应手。

6.4.4 洞察亚马逊规则调整和变化

1. 亚马逊所有 OTC 药物和膳食补充剂卖家被要求列出产品成分

2017 年 3 月，亚马逊更新 Health & Personal Care 类目卖家政策，除了要填写相关产品成分信息外，还需要上传清晰显示产品成分的外包装图片，并在商品详情页显示，作为辅助的产品图片。

2. Vine Program 项目

通过加入亚马逊的 Vine Program 项目，获得 Review，有不少 Vine Vendor 卖家觉得很值，一次的花费就可以让“Vine Customer Review of Free Product”永久留在商品页面上！不过要加入这个计划并不是那么容易，需要拥有 Vendor Account 并收到亚马逊的主动邀请，或者是第三方卖家先申请加入 Vendor Express。

3. 亚马逊推出 iPhone 版 Spark 晒单功能

Amazon Prime 会员可以在 Spark 上晒产品图片、买家秀，其他的 Spark 用户点击图片，就会直接跳转该产品在亚马逊的页面，Spark 用户还可以追踪其他用户、评论产品图片、使用表情符号等。

4. 亚马逊新产品不能再使用 Condition Notes

亚马逊卖家不能再对新产品提交 Condition Notes（条件说明），而且现有产品 Condition Note 下的评论也被全部移除。

5. Inventory File Templates 新添“Lite”或“Advanced”

为了简化创建 listing 过程，亚马逊的库存文件模板新添了“精简”和

“高级”模板，卖家可以自主选择进行批量上传。

6. 收取仓储费

2017 年 8 月 15 日起，亚马逊调整了欧洲 FBA 的仓储费，对存放长达 6—12 个月之久的库存商品收取半年长期仓储费，每立方米 500 欧元，并且 ASIN 单个产品将不再享受长期免仓储费。

亚马逊会对卖家的仓储进行限制，如果仓储被限制，则在账户的多个位置将显示一个仓储监控器（storage monitor）。

当仓储被限制（如上图）时，条形方框里将会出现绿色、黄色和红色 3 种颜色的横条提醒：

绿色：卖家的库存水平低于限制的 75%；

黄色：卖家的库存水平处于限制的 75% 和 95% 之间；

红色：卖家的库存水平高于限制的 90%。

7. 亚马逊卖家中心增加 5 种语言

亚马逊的卖家中心在 2017 年 2 月末新添了德语、西班牙语、法语、意大利语和日语 5 种语言，加上之前的英语、中文，目前亚马逊卖家中心共有 7 种语言，卖家可根据需要切换。

8. 手动竞价的 Sponsored Product 广告添加使用 Bid + 功能

Bid + 能手动瞄准 Sponsored Product 广告，卖家还可以通过 Bid + 入口创建或者修改广告，提高卖家对顶部广告的竞价，帮助提高卖家的销售和转化率。

9. 向符合资格的 FBA 卖家推荐“Subscribe & Save”

符合资格的 FBA 卖家可以在 Subscribe & Save（订阅）项目下提供商品，

资格的审核是亚马逊根据 FBA 卖家的销售历史记录和表现等情况来判断的。

6.4.5 亚马逊账号被封原因及规避

亚马逊账号被封，一般存在两种情况，一种是新申请的账号被封，一种是运营已久的账号被封。

1. 新账号被封的常见原因及规避

（1）在旺季注册账号

在旺季注册账号，不仅通过率很低，而且由于新账号销售记录少、评论少、产品安全保障度不高，比较容易被亚马逊在旺季的大清洗中盯上。所以，卖家应尽量避免在销售旺季注册账号。

（2）选择个人自注册账号

个人自注册账号的安全性比较低，封号率也比较高。如果表现不佳，有可能在旺季被亚马逊清理封号。卖家如果想要在亚马逊做长久的开店运营计划，最好选择注册全球开店账号，也能得到更好的培训与咨询服务。

（3）新账号表现不佳

在亚马逊新注册的账号，初期要注意店铺的变现，以及做好客户体验。亚马逊比较注重客户体验，会定期淘汰表现差的账号。在旺季前，更要对新账号进行定期检查清理。卖家新注册的账号要注意遵守平台规则，并做好客户体验，尤其是在旺季，更不能乱来。

（4）新注册账号关联被封账号

有些卖家曾经注册过亚马逊的账号，并且被封号了。如果此后重新注册新的账号，依然使用与被封账号同样的申请资料，新注册的账号会被亚马逊识别到与被封账号有关联，新账号就难逃被封号的不幸遭遇。为避免遇到这样的情况，卖家最好在申请资料时下功夫，避免与被封账号资料重复或者存有疑点。

（5）新账号上传侵权或疑似侵权的产品

亚马逊很重视侵权产品并且对此监管很严，因此新账号一定要避免上传侵权或疑似侵权的产品。

（6）频繁更换电脑、IP 登录账号

亚马逊的大数据会记录账号登录所用的电脑 CPU、网线 IP、硬盘等数据，频繁更换电脑或者 IP 登录账号，很容易被封号。为了安全起见，卖家应谨慎更换电脑或 IP 登录亚马逊账号。

（7）同一网线或者电脑登录多账号

亚马逊的大数据会记录账号登录所用的电脑 CPU、网线 IP、硬盘等数据，如果被发现多账号关联，账号也很容易被封。

2. 老账号被封的常见原因及解决办法

（1）产品被投诉假货

销售假货被投诉，或者被人恶意投诉销售假货而没有充足的辩驳证据。

解决办法：若是销售假货，立即下架；若被人恶意投诉，第一时间向亚马逊提供相关证书、证明材料。

（2）产品标题、图片不符合亚马逊规则

有些卖家为了吸引流量，使用的图片并非产品本身，标题又涉及大品牌名。例如，展示手机壳时，使用苹果手机的图片作为主图。

解决办法：检查更换图片，如果标题不得不涉及大品牌，一定要加上“for compatible with”等字眼。

（3）产品被投诉存在安全问题

客户使用产品出现安全问题，向亚马逊投诉。

解决办法：立刻排查产品安全问题，若有问题应立刻下架并做相应处理。同时向亚马逊提供相关证书，若针对欧洲市场则提供 3C 和 RoHS 证书，若针对美国市场则提供 UL 证书或者其他证书。产品说明书或标签上也需要有安全提示，例如禁止 3 岁以下儿童靠近、远离明火等。

（4）产品被投诉侵权

销售侵权产品，或者被投诉侵权。

解决办法：若是销售侵权产品，则立即下架产品。如果被人投诉，则立即通过亚马逊提供的投诉人邮箱联系投诉人，提供相关证书等进行证明，商谈处理。

（5）店铺绩效不达标

亚马逊业绩审核包括：订单缺陷率、订单取消率、发货延迟率、退货服务满意度、账户违规、准时送达、有效追踪率、客服不达标率、回复率等。

解决办法：定期检查店铺绩效，遵守平台规则，提升店铺各方面的绩效。

6.4.6 亚马逊基于大数据驱动的推荐引擎

亚马逊不仅仅是世界上最大的在线商店，同时也是世界上最大的数据驱动型公司组织之一。亚马逊收集海量的数据并进行科学有效的分析处理，非常重视挖掘数据中的价值。亚马逊不仅从每个客户的购买行为中获取信息，还将每个客户在其平台上的行为信息记录下来，包括是否查看评论、页面停留时间、每个搜索关键词、浏览的商品、评论的商品等等，并凭借强大的数据挖掘能力，将大数据的价值真正派上用场。

亚马逊推荐，就是将数据价值派上用场的一个典范。通过分析客户的历史行为数据，将可能符合需求的产品推荐给客户，实现因人而异的个性化推荐。“购买过A产品的人，根据大数据分析得出的结论是这个人可能也会购买B产品，于是亚马逊将B产品推荐给这个人”，这看似简单的推荐，却十分精准有效。

对亚马逊来说，数据意味着大销量，只有数据能够准确地告诉我们什么是有效的、什么是无效的。未来的商业活动必须要有大数据支撑，这也是亚马逊长期坚持的原则。

6.4.7　亚马逊平台大数据裁判下的排名规则

亚马逊平台的店铺或产品排名主要与关键词、店铺/商品评论、店铺绩效有关，也会与卖家是否使用亚马逊物流配送的情况有关。产品和店铺的各项数据，对在亚马逊上的排名有非常重要的影响。亚马逊对产品和店铺的各项数据进行长期的统计分析，并结合平台的算法规则，对卖家的产品和店铺排名进行不断调整。例如亚马逊自营的或选择亚马逊物流配送的产品，在亚马逊平台的排名比较靠前。亚马逊对产品或店铺的排名调整，主要考核的行为数据具体如下：

使用亚马逊仓储物流（FBA）：亚马逊一直宣传自己的 FBA 用户体验，鼓励第三方卖家入仓并使用 FBA，所以在搜索排名中亚马逊会支持使用 FBA 物流的商品。

转化率：优秀的产品图片和文案能直接影响转化率，从而影响排名。

销售量：销售量越好，在亚马逊的排名就会越好。

绩效：在亚马逊上的绩效考核包括销量、退货率、消费者评论、订单取消率、退货服务满意度、账户违规、准时送达、有效追踪率、回复率、发货延迟率等等，绩效越好就会获得越好的排名。

用户反馈：消费者根据所购买的商品与得到的服务情况，对卖家进行评价。用户反馈是给卖家看的，评价包括评价数量、评分等，评论数量越多，评分越高，排名就越靠前。

商品评论：消费者对某一商品的评论，在商品详情页中体现，供其他消费者选择商品时参考。商品评论对排名也会有影响，整体评论越好，排名就越高。

关键词的匹配性与准确性：商品标题中的关键词与搜索关键词的匹配性越高，得到曝光的机会就越多；产品描述中的关键词越准确地描述产品的属性、特征等，就越能提升排名。

类目相关性：主要考核的是卖家在设置商品类目时，是否选择与商品最匹配的类目，并且是否详细设置类目下商品属性、商品品牌等。类目越匹配，属性设置越详细，亚马逊就越能根据商品信息推荐给搜索商品的客户，提高排名。

6.4.8 基于亚马逊 A9 新算法的 Listing 优化

有人说，亚马逊其实相当于一个商品的搜索引擎，而随着 A9 算法的调整，卖家在亚马逊的排名必然会受到影响。那么，如何基于亚马逊 A9 算法进行 Listing 优化，提升产品和店铺的各项数据指标，从而提升排名？

1. A9 算法的新变化

搜索关键词的权重比例在降低，Listing 的详情页面权重比例升高，包括标题、A + 页面等；

客户评价的权重在升高；

转化率的权重比例在升高；

单价越高，排名上升越快。

2. Listing 优化

（1）优化产品标题

尽可能使用有价值的关键词来组织标题，包括产品品牌名、颜色、尺寸、材质、功能、特性等，将产品的价值、重要信息体现在标题中。

（2）使用亚马逊的 Bullet Point 功能

Bullet Point 是亚马逊允许卖家为产品创建的一个展示功能，设置在产品图片旁边。Bullet Point 的内容可以是产品的属性、差异化卖点、适用场合、适用人群特色等。以此信息吸引消费者的关注，使得他们可以通过 Bullet Point 更进一步了解产品。

（3）优化产品描述，加入关键词

根据A9算法的变化可知，Listing的详情页面权重比例升高，而产品描述是Listing的详情页面的重要组成部分，因此要下功夫对产品描述进行优化。

在产品标题和描述中使用好关键词，但不要重复堆砌，可以配合使用长尾关键词。

（4）使用A+页面

A+页面是图文版的商品详情页，使用A+页面，卖家可以使用额外的图片和文本进一步完善商品描述部分。不过申请A+页面的前提是，卖家必须先完成亚马逊的品牌备案，然后才可以创建A+页面。

（5）加强评价

客户评价的权重在提高，卖家要适应变化，注重商品评价的增加。卖家如何能得到更多的客户评价？

可以采用付费，或者是为其提供免费产品等方式与网红合作，获得网红的好评，借助他们的影响力提升转化率，从而获得更多的客户评价。

如果有朋友在站点所在国家，不妨请朋友购买商品，并留下好评，这和刷好评是不一样的，但和客户购买商品并留下好评是一样的，只是客户购买不一定会主动留下好评。

（6）提升转化率

转化率就是购买商品的数量与浏览商品数量的比例。卖家要仔细分析自己商品的浏览数据与购买数据，如果浏览数量很多，但购买数量很少，转化率很低，卖家就要弄清楚客户为什么看了商品之后放弃购买。

根据A9算法的变化，单价高的产品排名上升快。产品低价并不是一件好事，卖家要根据产品价值，适当提高产品的价格，不过要注重商品价值与价格的相对对等，同时做好产品品牌包装，提升产品价值，设定合适价格，达到提升转化率的目标。

商品的评价对转化率的影响很重要，因此，卖家要提高商品的好评率，通过好评引导客户购买，提升转化率。

6.5 速卖通

6.5.1 全球速卖通平台介绍

全球速卖通，是阿里巴巴旗下唯一面向全球市场打造的在线交易平台，2010年4月正式上线，目前已覆盖220多个国家和地区，被卖家称为“国际版淘宝”。全球速卖通是一个面向海外买家的第三方B2C电商平台，通过国际版支付宝进行担保交易，并且使用国际快递进行发货。

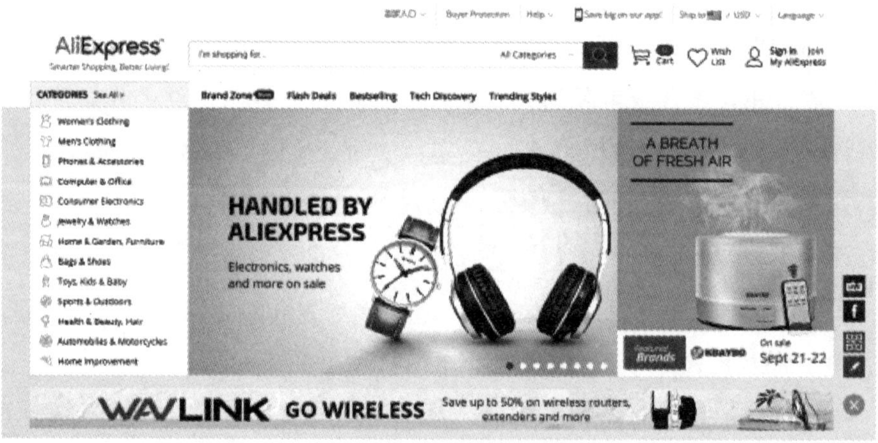

图片来源：速卖通平台首页

速卖通的主攻方向是新兴市场，欧美市场也是速卖通的重要市场，买家主要来自俄罗斯、巴西、以色列、西班牙、白俄罗斯、美国、加拿大、乌克兰、法国、捷克、英国等。

2016年8月15日，速卖通平台全面从C2C平台转型为B2C平台，也就是那时起，速卖通规定入驻平台的商家必须是企业。

目前速卖通已覆盖家居、3C、服饰、饰品等30个一级类目，鞋包、美容健康、珠宝手表、消费电子、家居、电脑网络、手机通信、灯具、汽摩配件、服饰服装等成为速卖通的优势行业。在速卖通上销售的产品最好符合体积小、附加值高、内容独特、价格合理的特点，适合网络销售与航空快递运输。

速卖通上销售的商品必须取得商品销售的前置审批、凭证经营、授权经营等许可证明，否则不允许发布；违禁商品如枪支、军火弹药、爆炸物、管制武器、警察用品、间谍产品、医疗器械，含违禁成分的减肥药和保健品，酒类及烟草产品等禁止销售；严厉打击侵权商品，侵权问题“三振出局”，第一次严重警告，第二次冻结两周资金流，第三次则直接清退。

6.5.2　全球速卖通平台规则新变化

包括速卖通在内的第三方平台的规则经常变化，卖家要想在一个平台上长期稳定经营，除了要严格遵守平台规则外，还要时刻关注平台规则的新变化，及时做出相应的调整。下面是卖家比较容易触犯，且发生变化了的规则：

1. 关于侵权规则

全球速卖通关于侵权的新规

侵权类型	侵权判定	侵权处罚明细
专利侵权	包括外观专利、发明专利、使用新型专利的侵权	首次违规扣 0 分； 其后每次重复违规扣 6 分； 累计达 48 分者关闭账号； 严重违规情况，三次违规者关闭账号
商标侵权	严重侵权：未经注册商标权人许可，在同一种商品上使用与其注册商标相同或者类似的商标	三次违规者关闭账号； 侵权情节特别严重者，直接关闭账号
	一般侵权：其他未经权利人许可使用他人商标的情况	首次违规扣 0 分； 其后每次重复违规扣 6 分； 累计 48 分者关闭账号

续上表

侵权类型	侵权判定	侵权处罚明细
著作权侵权	严重侵权：未经著作权人许可复制图书、电子书、音像作品或者软件	三次违规者关闭账号； 侵权情节特别严重者，直接关闭账号
	一般侵权：其他未经权利人许可使用著作权的情况	首次违规扣0分； 其后每次重复违规扣6分； 累计48分者关闭账号

2017年4月12日起全面实行关于侵权的新规，并且侵权行为不再区分是否投诉或是否被平台抽查；侵权严重违规行为也不再以分数累计，并实行三次违规成立者关闭账号（侵权情节特别严重者直接关闭账号）的措施。

2. 关于手机配件商品错放类目及发布规则

手机配件商品属于热销品，而类目的错放是卖家比较容易犯的错误。类目错放不仅影响客户的购物体验，而且也可能会受到速卖通的处罚。

常见的手机配件商品及正确的放置类目

手机配件名称	正确放置类目	错误放置类目
车载充电器	电话和通信－手机配件和零件－手机充电器	汽配、消费电子等类目
移动电源	电话和通信－手机配件和零件－移动电源	消费电子、手机充电器等类目
手机数据线	电话和通信－手机配件和零件－手机线材	消费电子、电脑办公等类目
手机车载支架	电话和通信－手机配件和零件－手机支架	汽配等类目
背夹电池	电话和通信－手机配件和零件－背夹电池	手机壳、消费电子等类目

常见的发布非约定商品的行为：卖家通过速卖通平台发布或出售未经速卖通许可的品牌的商品，例如已经实施品牌邀约制的类目例如移动电源、数据线等，利用已申请的品牌资质，实际发布未经授权许可的品牌或白牌商品。

手机配件商品错放类目及发布非约定商品的处罚

处罚行为	处罚明细
手机配件商品错放类目	违规商品：退回不可上架 账号： 1. 系统检查到的错放类目商品将在产品管理 - 商品诊断中展示，请关注并修改。同时根据违规商品数系统自动扣分，纳入商品信息质量违规积分体系。 2. 首次警告，其后执行 6 分/商品的扣分处罚。同时平台将加大人工排查力度，视店铺违规情节严重程度，依据“严重扰乱市场秩序”规则执行冻结甚至关闭账户
发布非约定商品	违规商品：退回不可上架 账号： 1. 首次警告，其后执行 6 分/商品的扣分处罚。 2. 同时平台将加大人工排查力度，视店铺违规情节严重程度，依据“严重扰乱市场秩序”规则执行冻结甚至关闭账户

3. 商品信息质量规则

（1）关于搜索作弊行为及处罚

类目错放：指商品实际类别与发布商品所选择的类目不一致。

属性错选：用户发布商品时，类目选择正确，但选择的属性与商品的实际属性不一致的情形。

标题堆砌：指在商品标题中出现关键词使用多次的行为。

黑五类商品错放：指订单链接等处设置的运费低于实际收取的运费的行为。

标题类目不符：指商品类目或者标题中部分关键词与实际销售产品不

相符。

计量单位作弊：指发布商品时，将计量单位设置成与商品常规销售方式明显不符的单位；或将标题、描述里的包装物亦作销售数量计算，并将产品价格平摊到包装物上，误导买家的行为。

商品超低价：指卖家以较大偏离正常销售价格的低价发布商品，在默认和价格排序时，吸引买家注意，骗取曝光。

商品超高价：指卖家以较大偏离正常销售价格的高价发布商品，在默认和价格排序时，吸引买家注意，骗取曝光。

SKU 作弊：指卖家以刻意规避商品 SKU 设置规则，滥用商品属性（如套餐、配件等）设置过低或者不真实的价格，使商品排序靠前（如价格排序）的行为；或者在同一个商品的属性选择区放置不同商品的行为。

运费不符：指卖家在标题及运费模板等处设置的运费低于实际收取的运费的行为。

更换商品：指通过对原有商品的标题、价格、图片、类目、详情等信息的修改来发布其他商品（含产品的更新换代，新产品应选择重新发布），对买家的购买造成误导；但如修改只涉及对原有产品信息的补充、更正，而不涉及产品更换，则不视为“更换产品”的行为。

信用及销量炒作：指通过非正常交易手段提高商品销量及信用的行为，借此获得更高的曝光，对正常经营的卖家造成不正当竞争，同时也对海外买家选购产生误导，严重扰乱市场秩序。

重复铺货：不同商品之间须在标题、价格、图片、属性、详细描述等字段上有明显差异。如：图片不一样，而商品标题、属性、价格、详细描述等字段雷同，也视为重复铺货。如果需要对某些商品设置不同的打包方式，发布数量不得超过 3 个，超出部分的商品则视为重复铺货。同一卖家（包括拥有或实际控制的在速卖通网站上的账户），每件产品只允许发布一条在线商品，否则视为违反重复铺货的政策。

描述不符：指标题、图片、属性、详细描述等信息之间明显不符。

搜索作弊行为及处罚

违规行为类型	处罚措施
类目错放	1. 违规商品给予搜索排名靠后或下架删除的处罚。 2. 系统核查到搜索作弊商品将在产品管理 – 商品诊断中展示，请卖家关注并整改。同时在商品诊断统计中展示的 6 类违规行为（类目错放、属性错选、重复铺货、运费不符、标题类目不符、标题堆砌）纳入商品信息质量违规积分体系，根据违规商品数系统自动进行每日扣分。 违规商品数在［1，50）之间，不扣分； 违规商品数在［50，500），0.2 分/天； 违规商品数在 500 及以上，0.5 分/天。 3. 在系统自动扣分基础上，根据卖家搜索作弊行为的严重程度对整体店铺给予搜索排名靠后或屏蔽的处罚；情节特别严重者，平台将依据严重扰乱市场秩序规则保留扣分冻结或直接关闭账号的处罚。 注：对于更换商品的违规行为，平台将增加清除该违规商品所有销量记录的处罚
属性错选	
标题堆砌	
黑五类商品错放	
重复铺货	
描述不符	
计量单位作弊	
商品超低价	
商品超高价	
运费不符	
更换商品	
SKU 作弊	
标题类目不符	
信用及销量炒作	

（2）关于违规发布商品行为及处罚

a. 留有联系信息或广告商品

任何字段或图片中禁止出现联系方式，如邮箱、微信、手机号、QQ、MSN、SKYPE 等；如以宣传店铺或商品为目的，发布带有广告性质（包括但不限于在商品标题、图片、详细描述信息中等留有联系信息或非速卖通的第三方链接等）的信息，吸引买家访问，而信息中商品描述不详或无实际商品，在任何描述中禁止出现非速卖通平台的网站链接。

b. 其他不当发布行为

在商品、店铺标题、描述中带有攻击性、亵渎性、虚假等违法或有违道德的文字图片，或信息内容与所发布的商品不相关或带有诱导性或其他不恰当语言，如：

发布中文信息；

信息类型设置错误：如求购与销售信息混淆；

非商业信息：如单纯的工厂、车间展示、求职、征婚、投诉、求医等；

不当使用第三方软件发布商品；

其他通过虚假、恶意规避的方式不当发布的行为。

c. 商家图片盗用

摄影作品侵权，简称盗图，一般指未经允许将他人的摄影作品作为自己的产品图片等展示详细信息。扣分 6 分/次，首次不扣分；首次 5 天内算一次；其后一天内若有多次成立扣一次分。时间以投诉结案时间为准。

d. 商家水印图盗用投诉

卖家在所发布的商品信息或所使用的店铺名、域名等中，不当使用他人水印图等；卖家所发布的商品信息，或所使用的其他信息，造成消费者误认、混淆。扣分 6 分/次，首次投诉不扣分；首次投诉 5 天内算一次，其后一天内若有多次投诉成立扣一次分。时间以投诉结案时间为准。

e. 发布非约定商品

发布非约定商品（俗称挂 A 卖 B），是指卖家通过速卖通平台发布或出售未经速卖通许可的品牌的商品。在速卖通平台发布任何品牌产品信息，需要进行品牌资质申请及审核后，方可发布。

发布非约定商品包括但不限于以下具体情形：

卖家未完成 A 品牌的商标资质申请，但规避发布和售卖 A 品牌；

卖家仅申请了 A 品牌，实际发布或售卖 A 和 B 或 C 品牌或 non-brand（如果申请了 A 品牌，请发布和售卖 A 品牌商品）；

卖家仅申请了 A 品牌，实际发布或售卖 B 品牌。

违规发布商品行为及处罚

违规行为类型	处罚措施
留有联系信息或广告商品	1. 商品信息退回或删除。 2. 违规商品信息过多或屡犯者，速卖通平台将视违规行为情节严重程度保留扣分及直接账号处罚的权力
违反特定行业商品发布规范	1. 商品信息退回或删除。 2. 违规商品信息过多或屡犯者，速卖通平台将视违规行为情节严重程度保留扣分及直接账号处罚的权力。 3. 对于违反特定行业商品发布规范的违规订单，速卖通将关闭订单，如买家已付款，无论物流状况如何均全额退款给买家，卖家承担全部责任
其他不当发布行为	1. 商品信息退回或删除。 2. 违规商品信息过多或屡犯者，速卖通平台将视违规行为情节严重程度进行搜索排名靠后、保留扣分及直接账号处罚的权力。 3. 对于不当使用第三方软件发布商品的行为，初犯者下架全部商品；情节严重的保留扣分及直接账号处罚的权力
商家图片盗用	扣 6 分/次，首次不扣分；首次 5 天内算一次，其后一天内若有多次成立扣一次分。时间以投诉结案时间为准
商家水印图盗用投诉	扣 6 分/次，首次不扣分；首次 5 天内算一次，其后一天内若有多次成立扣一次分。时间以投诉结案时间为准
发布非约定商品	违规商品：退回不可上架， 账号： 1. 首次 5 天内警告，其后执行 6 分/商品的扣分，纳入商品信息质量违规积分体系内，积分累计至 12 分及 12 分倍数账号冻结 7 天； 2. 针对情节特别严重的（如店铺非约定商品量或绝对值大，影响面广，存在故意违规重复违规等），依据“严重扰乱市场秩序”规则，给予直接关闭账号的处置

6.5.3 全球速卖通排名规则

全球速卖通，被称为“国际版淘宝”，卖家数量大，商品数量、品类繁多，排名对商品、店铺的曝光产生直接的、关键的影响。无论是新卖家，还是老卖家，都非常关心排名问题，更是绞尽脑汁要把排名做好。要做好速卖通的排名，首先得摸清速卖通的排名规则、算法原理，清楚商品和店铺的哪些数据指标影响排名，然后有目标、有针对性地进行优化，提高排名。

1. 速卖通搜索排名推荐机制

无论是速卖通平台，还是其他电商平台，大多数买家进入平台，都是通过站内搜索查找商品。了解速卖通的搜索推荐机制，对卖家优化速卖通的搜索排名具有重要的指导意义。

速卖通搜索的目标是帮助买家找到目标理想商品，并且能够得到良好的购物体验，因此搜索排名推荐机制是根据买家的搜索关键词，给买家推荐精准、质量好的商品以及服务能力好的卖家。这意味着买家以及系统，对卖家商品质量和服务水平的评定越好，卖家的商品就得到越靠前的排名。

2. 全球速卖通排名影响因素

（1）搜索需求与商品的匹配性

买家通过速卖通站内搜索或者类目查找商品，系统主要通过商品标题、放置类目、商品属性、商品描述内容等，判断商品是否符合买家输入的搜索关键词，然后按匹配程度由高到低向买家推荐商品。

（2）商品描述信息的质量

商品描述信息，包括商品的标题、放置类目、商品属性、商品图片、商品详情、商品评价等信息。这些信息是否清晰、准确，是否符合买家的浏览习惯等，也是系统向买家推荐商品的重要依据，而且对买家的购买决策也有重要的影响。

（3）商品转化率

速卖通也很强调商品转化率对排名的影响，通过综合一个商品的曝光次数以及成交数量，衡量一个商品的转化率，从而通过转化率的高低，去评估这个商品的需求情况。市场竞争力，需求情况越好、竞争力越高，排名就越靠前。

（4）卖家服务水平

速卖通也非常注重买家的购买体验，优先推荐能够提供良好购物体验的卖家给客户，卖家的服务水平越好，就得到越好的排名。

卖家的服务水平，主要是考察卖家的服务响应能力、订单的执行情况、订单的纠纷、退款情况以及卖家的 DSR 评分情况等。

（5）搜索作弊情况

速卖通对搜索作弊行为进行严格的监控和处理，视情节严重程度做必要的处罚，处罚方式包括商品排名靠后、隐藏或不参与排名，店铺整体排名靠后或不参与排名，甚至关闭账号进行清退。

卖家的作弊行为主要表现为：重复铺货骗取曝光量，黑五类商品乱放类目，注册小号发布相同商品抢曝光量，商品标题与关键词滥用，发布广告商品，商品类目乱放，超低价骗取流量，降低商品单价调高运费，炒作商品销量，卖家炒信行为等。

6.5.4　基于大数据分析优化全球速卖通标题

标题在速卖通上的搜索权重还是比较大的，客户搜索或浏览类目查找商品，系统判断商品是否符合搜索需求的第一依据是标题。一个包含精准关键词的标题，其相应的 Listing 被推荐曝光的概率就会比较大。

1. 设置好一个标题的前期数据分析

一个好的标题需要经过精心的推敲和打磨，并且要在实际中不断总结、完善。设置一个标题之前，首先要明确标题应该体现什么内容，标题的内容取决于客户。要考虑到：目标市场客户对产品有什么样的要求？

例如，俄罗斯客户购买手机这个产品，要求性价比高，喜欢安卓系统，习惯较大的屏幕尺寸和内存，对5—6 寸的屏幕关注度比较高。此外，由于俄罗斯冬季长，俄罗斯客户对手机电池的容量以及在低温下的使用状态也比较关注。因此，面向俄罗斯客户的手机卖家，在设置标题时就应该把客户特别关注的价格、尺寸、内存、电池容量与可使用的温度范围等特性在标题中体现出来。标题中的信息首先能够吸引客户，才会有进一步的了解与购买行为的发生。

对目标市场客户的购买行为习惯做数据分析，是设置好一个标题的前提条件。然而一个好的标题并不是固定不变的，会随着市场、销售情况的改变而改变。

2. 持续的数据分析，持续优化标题

一个标题的好坏，需要综合标题带来的流量以及转化率大小来衡量，通过对流量、转化率数据的长期监测与统计分析，并跟据市场变化情况，分析标题的时效性。

比如，某一个时期消费者特别注重手机的内存，但随着手机内存普遍加大之后，消费者可能转而关注手机的摄像功能，这时候标题就要根据数据分析结果，做出合理调整。

对于尚未确定标题关键词的情况，卖家可以使用不同关键词组合标题的方法，收集不同标题的搜索指数、点击率、转化率等数据，进行统计分析，挖掘出标题热词与组合方式，以此来优化标题。可借助速卖通平台数据统计工具，或者第三方数据分析工具，还可以借鉴同行的做法，挖掘所属品类的

优秀标题与热词，参考优秀标题去优化产品标题。

3. 保持标题与详细描述的匹配

标题与详细描述是一个商品 Listing 的重要组成部分，因此，标题的优化不是单独的，标题的优化也是整个 Listing 的优化。根据数据分析结果来优化标题时，要注意保持商品标题与详细描述的匹配性。如果标题很吸引人，但客户点击后发现商品描述并非如此，会让客户觉得卖家夸大其词来吸引注意力，并不可信。因此商品标题、详细描述与商品本身要相匹配，匹配度越高越有利于提高排名。

6.5.5　数据分析思维优化全球速卖通店铺

数据是最直观的语言，店铺流量、转化率、热销品，活动的流量、转化率，以及推广流量、转化率等，通过数据就能直观了解到。数据分析是诊断店铺的一种有效方式，通过对店铺各项指标的数据统计分析，能够发现店铺存在的不足之处，指导卖家有针对性地采取措施，改善店铺运营策略，提高店铺流量以及转化率。

1. 不同阶段侧重关注不同的数据

对店铺的数据分析，不同的阶段要侧重关注不同的数据：

店铺运营初期：新店铺刚投入运营，还没有太多的数据，卖家只需要侧重关注店铺的流量数据；吸引流量，以及加大店铺的曝光度是初期运营店铺的工作重心。

店铺成长期：该阶段的店铺已经积累了一定的流量，流量也相对稳定了，这时候卖家就要侧重关注这些流量的点击率，也就是这些流量进入店铺，有多少会真正点击商品对其了解，会点击哪些产品。点击率与转化率产生直接的关联，点击率高才可能有高的转化率。

店铺运营成熟期与持续期：在该阶段中，店铺有了一定的热度商品，卖家要侧重关注店铺的转化率，转化率是衡量店铺运营效果的根本指标。

此外，对店铺数据的关注，应该是全面、多维度的，特别是店铺运营到达成熟期后，需要关注的数据既要涉及店铺的整体数据，也要涉及每个单品的数据。对店铺而言，要关注的数据包括曝光量、访客量、浏览量、成交额、转化率；对单品而言，要关注的数据包括曝光量、访客量、点击率、客单价、订单数、成交额、转化率。

2. 数据分析优化店铺

（1）数据分析优化产品策略

产品是店铺存在的前提，单品销量不断提高，店铺的整体业绩才能提高。店铺的选品与产品组合策略、季节性调整等，都是优化店铺的方式。

卖家根据行业数据、店铺单品数据等，掌握各项指数，例如同行卖家商品的访客量、订单数、转化率等，分析竞争对手的热销品，通过各项数据的对比分析，挖掘热销品，进行产品的优化组合。

此外，分析不同时期商品的各项数据，分析产品的季节性需求情况、转化率等，对不同时期的产品策略进行合理的调整，优化产品组合。

（2）数据分析提升店铺流量

卖家要用数据化思维，去分析平台上与产品相关的热搜关键词，以及飙升关键词。热搜关键词代表一个比较长期稳定的需求情况；飙升关键词代表增量需求或短期需求情况。

卖家可以结合产品特性，利用热搜词与飙升词优化产品标题、产品描述详情等，提升店铺流量，不过，不要滥用、乱用，以免被平台判断为搜索作弊行为。另外，如果产品与这些热搜词或飙升词的匹配性比较低，可以使用这些词的长尾词，适当组合调整，提高关键词与产品的匹配性。

（3）数据分析提高店铺排名

数据的分析与有效运用，可以降低卖家的试错成本，为店铺带来精准的流量，提高转化率，并且在数据分析结果的指导下，优化店铺以稳定各项绩效指标，店铺的排名自然就靠前了。

（4）数据分析合理控制店铺库存

利用数据分析产品需求的季节性变化、转化率等，卖家根据数据分析结果，提前做好产品策略和库存策略，避免产品滞销，积压库存影响店铺绩效，以及承担额外的仓储成本等。

6.6 eBay

6.6.1 eBay 平台介绍

eBay 1995 年成立于美国加利福尼亚州，是一个可以让全球民众上网买卖物品的线上拍卖及购物网站。发展至今，eBay 已是全球最大的在线购物网站之一。

作为一个电商平台，eBay 已从 C2C 向以 B2C 模式为主的方向转换。eBay 主攻欧美市场，例如美国、英国、德国等市场，不过站点却覆盖全球，分布在美国、英国、澳洲、中国、阿根廷、奥地利、比利时、巴西、加拿大、德国、法国、爱尔兰、意大利、马来西亚、墨西哥、荷兰、新西兰、波兰、新加坡、西班牙、瑞典、瑞士、泰国、土耳其、中国香港等国家和地区。平台上商品品类繁多，产品涉及各个档次。

图片来源：eBay 官网首页

eBay 海外仓也在逐渐普及，为卖家降低贸易成本的同时，也提升了物流服务品质和效益。充分利用 eBay 海外仓，国内卖家可以拓宽产品线，并将价值更高的大件、重件商品便捷地出口到海外市场。

截至 2017 年第 2 季度，eBay 集团旗下各个平台的活跃买家增加了 200

万，全球活跃买家总数达 1.71 亿。eBay 大中华区 CEO 表示，eBay 未来发展的四大重点为移动业务、线上线下 O2O 融合、大数据技术、全球跨境贸易，为中国卖家提供“一站式”扶持。

6.6.2　eBay 大数据运用魔力

eBay 拥有惊人的数据量，对这些数据进行分析并建立起模型。通过大数据分析，eBay 系统每天能够回答各种问题，例如，本月最热门的搜索商品是什么，本月转化率最高的商品是什么，昨天的热搜词是什么等等。

通过分析客户的浏览历史记录数据，“猜想”客户的消费偏好。对于没有太多历史购买记录的客户，eBay 通过对比有着相似特点的客户需求，推测这位客户的潜在需求，将合适的商品推送给客户。

利用大数据，eBay 不断优化平台上的搜索引擎。没有大数据参与优化的搜索引擎，并不能很好地理解客户的真实想法；而利用大数据分析，能够更好地理解客户的搜索需求，将商品与需求精准匹配，从而增加在线交易量。

对跨境电商卖家来说，eBay 对大数据的运用给卖家带来的最大好处就是获取“情报”。eBay 根据平台大数据分析结果，定期向卖家建议应该销售的产品。例如，告诉卖家某产品一个月预计的销售量、定价的最佳范围、竞争对手有多少、卖家的市场占有率是多少等等。

6.6.3　eBay 评价系统

eBay 有一个很强大的基于大数据的防诈骗评价系统。这个系统不仅保护买家，同时也保护卖家。在每笔交易完成之后，卖家和买家都可以为彼此做评价，评价可以是正面评价、负面评价或者中立性评价。买家对卖家的评价，可以为其他买家的购买行为提供决策参考；卖家对买家的评价也可以为其他卖家提供决策参考，如果某个买家收到的评分过低或者负面评价太多，卖家可以根据买家的评价拒绝与其交易并说明理由。

基于这个评价系统，在 eBay 上无论交易额大小，针对一次交易，只能评价一次，一旦评价之后，eBay 一般不会轻易移除该评价。因此，在 eBay 上，无论是卖家还是买家，都要谨慎对待评价，特别是对卖家而言，评价不仅影响商品转化率，差评还会让自己的账号 below，严重的话甚至会导致账户被冻结。卖家不仅要努力完善客户服务能力，也要善于利用 eBay 的评价系统规则，维护自己的权益，例如，在什么情况下 eBay 差评可以自动移除或者可主动申请移除，哪些情况下不能移除，卖家又可以提前采取什么有效的措施去预防。

1. eBay 差评自动移除或可主动申请移除的情况

以下情况下导致的差评，eBay 会自动移除差评，如果 eBay 没有自动移除，卖家可主动向 eBay 平台申请移除：

a. 由于 eBay 平台问题或者程序错误，导致不良的交易产生；

b. 买家没有付款，并且卖家收到出价不买的纠纷记录；

c. 买家因违反 eBay 的购买政策而受到 eBay 的处罚；

d. eBay 的退款保障或者 PayPal 买家保障纠纷裁决结果有利于卖家；

e. eBay 或者 PayPal 要求卖家取消交易或暂缓发货；

f. 通过 eBay 有效的监控追踪信息，判定不良交易是由物流或者通信系统延迟而直接导致的。

针对新兴市场，eBay 制定了一些保护卖家的政策，仅限于差评来自俄罗斯、巴西、墨西哥的买家。以下情况卖家收到的差评，eBay 每周定期检查并移除差评，同时向卖家发送相关报告：

a. 商品与商品描述不符纠纷，买家留下“运送时间”低分（1 分）或中差评，如果该纠纷在升级前获得解决，则不被计入不良交易率，并且 eBay 系统会自动移除卖家服务评级低分和关联的信用评价。

b. 仅针对美国、英国、德国站点完成的交易，出现物品未收到纠纷，在纠纷未升级前得到解决，买家留下“运送时间”低分（1 分）或中差评，eBay 系统会自动移除卖家服务评级低分和关联的信用评价。

c. 买家留下“运送时间”低分（1 分），但没有留下“物品与描述相符”低分（1、2、3 分），eBay 系统会自动移除“运送时间”低分（1 分）和相关的信用评价。

2. eBay 差评不能移除的情况

以下这些情况导致的差评或不良记录，eBay 是不给予移除的，卖家要特别注意，并注意避免：

a. 在 eBay 退款保障纠纷中，eBay 判定买卖双方均无过错并退款给买家；

b. 在 eBay 退款保障纠纷开启后，卖家解决了买家的问题；

c. 如果卖家无法向 eBay 提供有效的追踪信息，用以判断卖家是否及时处理交易并发货，与运送相关的不良交易记录将不能移除；

d. 如果是信用评价内容违反了 eBay 政策，如脏话或链接等信用评价内容会被 eBay 移除，但该信用评价的评分以及所涉及的不良交易记录是不能移除的。

6.6.4　从刊登入手提高 eBay 产品搜索排名

在 eBay 平台上，产品刊登得好，对产品的搜索排名及流量的提升有很大的帮助。eBay 产品刊登要素主要包括产品标题、价格、图片、描述。跨境电商该如何设置并优化好这些要素，提升商品搜索排名？

1. 产品标题刊登

在 eBay 上，产品标题用词数量与质量会影响排名，进而影响销量。关于 eBay 产品标题设置，可以遵循以下法则：

a. 标题用词数量控制在 15—18 个，字符最多为 80 个，长标题比短标题效果好；

b. 标题中尽可能添加相关关键词；

c. 标题中尽可能使用到 eBay 平台热搜词；

d. 标题中不要使用描述产品状态的词，如“New”，卖家没必要把产品状态（全新、二手、翻新）体现在标题中；

e. 标题中不要使用缩略词如 OEM 占用关键词位置；

f. 如果卖家自有品牌知名度低，最好不要用品牌名作为标题关键词；

2. 产品价格刊登

eBay 上设置产品价格，一个最实在的办法就是通过观察市场行情，对比平台上同行业的热卖产品，将利润点设置得比这些热销品的低一些。

根据平台的显示情况可知，如果是 eBay 美国站，运费是不显示的，只显示“国际运输免邮”。既然看不到美国站设置的运费，那相同产品，低价更能吸引买家，因此美国站的产品可以使用产品价格 + 运费的价格刊登模式。

eBay 上，还是很多买家使用“价格 + 运费”最低的搜索条件，所以店铺上所有产品价格刊登都是免邮模式也是不可行的，因此，一部分产品使用免邮的价格刊登模式，另一部分使用产品价格 + 运费的价格刊登模式，这样可以覆盖不同搜索条件的流量。

3. 产品图片刊登

eBay 产品图片刊登的主要原则是清晰、无水印、突出重点、多角度，具体情况如下：

a. 主图最好是一眼就能知道卖家销售的产品，图片除了产品外，不要出现带有其他物品的背景（白色或纯色背景为佳），而且产品最好占据整个图片 80% 以上的面积。

b. 不要在图片上添加边框或者文字，更不要打马赛克或者打水印。2017 年 eBay 英国站秋季卖家发布会上对产品图片宣布了新政策：所有图片不能带有水印，否则产品 Listing 不能出现在搜索结果中。

c. 如果产品不是全新的，最好不要在使用 eBay 目录时，将默认的图片作为产品主图。

d. 刊登清晰、多角度展示产品的图片。

4. 产品描述刊登

eBay 产品描述，不仅仅要专业、简洁，还有很多细节性问题需要卖家注意：

a. 遵循句子首字母大写的原则。

b. 使用段落或者项目符号排序，把同类资料组织在一起。

c. 避免使用全大写、多颜色、多字形描述产品。

d. 不要使用不符合商品实际情况的描述信息。

e. 尽可能多方面又简洁地描述商品细节信息。

f. 充分利用好 eBay 目录中的产品资料撰写产品描述。

在 eBay 上刊登产品，要注意 Listing 在移动设备上的显示效果。据数据统计，eBay 通过平板电脑或者智能手机等移动设备完成的销售额，超过总销售额的 50%。eBay 卖家使用的图片、文字等应该使用“自适应移动设备”的 HTML 模板，凸显优势，获取客户的喜爱。

6.6.5　eBay 流量入口与引流技巧

流量是订单产生的基础，是电商运营的首要目标。运营 eBay 平台，站外引流是辅助，站内引流是关键。站外引流主要是通过社交媒体如 Facebook、Twitter、YouTube 等渠道进行引流。而站内引流作为流量来源的主要方式，主要通过以下几个入口向产品或 Listing 店铺导入流量：

1. 平台主动给予的流量

a. 新账号店铺，eBay 平台会提供相应的扶持，毕竟只有卖家做得下去，平台才有利可图。对于新卖家，eBay 会额外给予 20%—30% 的流量。卖家运营初期要充分利用好这些流量基础，以吸引更多的流量进来。

b. 新上架的 Listing，eBay 也会给予相应的照顾，会提供额外 48 小时的曝光，而且这个 Listing 是不分拍卖或是固定价格销售的。利用这一点，卖家应该定期上架新产品，或者更新产品，以此来带动免费的曝光机会。

c. 近几年，汽配产品在 eBay 上保持非常高的增长率，而其他分类产品的销售额却在下滑。这是因为 eBay 对自己平台主推的产品，会给予额外的自然流量。

2. 拍卖引流

eBay 也是一个提供商品拍卖的平台，因此商品以较低的价格拍卖不仅可以促进店铺活跃度以及提升排名，还能够快速成单。一个店铺有一个产品做好拍卖，是可以为其他固价销售的产品带来流量以及转化机会的。

3. Promoted Listing 引流

Promoted Listing 是 eBay 的一个广告服务，卖家可以借助推广服务将产品推荐给更多的买家，提高产品曝光度与成交率。

值得注意的是，eBay 的 Promoted Listing 广告的展示形式不是卖家自己额外设置的，而是自动从卖家的 Listing 提取标题、图片、价格、描述、展示模板的，因此卖家想要修改 Promoted Listing 的展示效果，需要修改相应的产品 Listing。

4. 利用 eBay 促销工具引流

eBay 为卖家提供了可选性的促销工具，卖家可以创建不同类型的优惠促销活动，还可以根据销售目标实行不同的促销策略。更重要的是，eBay 促销工具结合了大数据的分析与运用，向有潜在需求的买家推荐商品。

卖家可以利用促销工具向买家推出促销活动，获得更多曝光的机会，吸引到更多的流量，提高成单的概率。

5. 提高店铺活跃度引入更多流量

eBay 对活跃度高的店铺给予更多的曝光机会，因此，卖家无论是通过定期上线新产品，还是定期做产品促销活动，或者其他符合平台规则和平台推荐算法的方式，都应该努力提高店铺活跃度，为店铺吸引更多的流量。

6.7 Wish

6.7.1 Wish 平台介绍

Wish 创立于 2011 年，目前是美国一家移动 B2C 跨境电商平台。Wish 早期版本是一个用户创建心愿清单的移动应用，Wish App 可以从用户现有的心愿清单中提取数据，预测出他们可能会喜欢的其他物品并给予推荐。从 2013 年 3 月起，Wish 开始转型做电子商务，用户在分享图片的同时，也可以购买这些产品。

与速卖通、亚马逊等电商平台不同的是，Wish 以移动端作为切入点，并迅速发展壮大起来。2017 年 9 月 12 日，Wish 中国区总裁在会议上透露，Wish 平台用户已达 4.2 亿，33.8 万个独立注册账号，日活跃用户数 100 万，活跃 SKU1.6 亿。

随着移动互联网的发展，用户正在从 PC 端向移动端转移，这是 Wish 发展的优势所在，亚马逊、速卖通、eBay 这些第三方跨境电商平台虽然也看到这样的趋势变化，推出了自己的移动 APP，但更多的只是实现了交互界面的移动化，在运营思维上，还需要兼顾好 PC 端与移动端模式。

在移动端方面，Wish 就具有明显的优势和独特之处，真正地实现了让用户随时随地想看就看，想买就买，不仅给用户提供了不一样的界面体验，还通过智能化算法推荐技术，给用户推荐的是他们可能喜欢的，而不是平台自己认为好的产品。这就加强了平台与用户之间的互动性，体现了用户关怀与人性化运营思维，也大大增强了用户黏性。

与亚马逊、阿里巴巴等相比，Wish 转型做跨境电商的时间比较短，一些基础设施还没有那么完善，比如物流、跨境支付等方面就比其他第三方跨境电商平台落后一些。这也是 Wish 的短板之所在。

图片来源：Wish APP

6.7.2　Wish 平台特色

1. 智能自动推荐系统

基于大数据的智能自动推荐系统，是 Wish 最大的核心竞争力，为用户推荐个性化的产品，并且是以瀑布流的方式展示，提高用户的浏览体验。Wish可以使用 Facebook 账号登录。如果用户选择这种方式登录，Wish 就能够根据用户在 Facebook 的浏览、分享等用户数据，在 Wish 上向用户推荐与其最匹配的产品。当然，用户如果选择在 Wish 注册独立账号，Wish 也会根据用户的浏览记录等数据进行不断积累与优化，向用户推荐更符合需求的产品。

基于用户行为的精准推荐，不同用户进入到 Wish 界面看到的内容是不同的，每个人看到的都是自己喜欢和想要找的产品。这有助于提高流量转化率，这正是吸引中小卖家的地方。

2. 技术驱动营销

Wish 本来就是一家技术型公司，公司大半部分员工都是技术员。拥有这样的技术基础，Wish 可以凭借技术手段，过滤掉平台上存在的最差产品与卖家，保留信誉、服务满意度最好的卖家。Wish 平台还有一个系统，如果发现品牌有假货，就立即通知下架。除此之外，甚至连市场营销的工作，Wish 都尽可能使用自动化程序来完成。

正是有这样的技术作为支撑，与其他平台相比，Wish 做出了自己的特色：没有那么多的平台规则，整个平台运营起来更加简单，卖家运营店铺也比较简单快捷，门槛也会更低一些。

3. 价格优势吸引价格敏感消费者

Wish 相当大部分产品都来自中国，价格方面具有很大的优势，而且平台上主要是不知名品牌的饰品、服装、手机配件等小物件产品，有效地吸引了对价格敏感、年收入在 8 万美元以下的消费者，特别是北美地区的消费者。

4. 碎片化购物体验

碎片化购物体验，和 Wish 定位为一个移动电商平台有关。Wish App 可以满足消费者对坐公交、乘电梯等碎片时间充分利用的需求，并且利用自身的智能化推荐系统，进一步让人们高效利用碎片时间。智能推荐、碎片时间、冲动消费融合在一起，Wish 实现了碎片化时间巨大的商业价值的挖掘。

6.7.3　Wish 基于大数据的智能推荐

前面说到，Wish 的核心竞争力就是基于大数据的智能化推荐系统，自动向用户推荐用户可能喜欢的产品。对商家来说，产品被推送给用户从而得到了曝光，店铺得到了平台推送流量，这是每个进驻 Wish 的卖家最希望得到的结果。

然而，Wish 向用户推荐产品是依据一定的算法规则的，卖家想要自己的产品得到 Wish 的推荐，必须要摸清这些规则，并遵循这些规则做出调整。

1. 初次匹配

Wish 是否向用户推荐一个新产品，首先是根据产品的标题、图片、标签、描述去鉴别产品，其中主要还是依据产品标签做辨别，然后与用户需求、喜好进行匹配，向用户做出推荐。

2. 初始流量的转化情况

经过初始匹配后，Wish 就不再只以产品的各项属性作为推荐的依据了，还会考虑产品初始流量的转化情况，比如某个产品已经被推荐了一两千次，但点击率、转化率却很低，那么就算这个产品在属性上非常符合用户的需求，也不会再得到太多的推荐了。因此，产品本身还是非常重要的，产品的转化率越好、评价越多，被推荐的机会就越多，产品销量就会越来越好，如此形成一个良性的循环。

3. 店铺绩效与服务

经过一段时间的经营，店铺绩效与服务的各项数据，例如店铺好评率、

DSR、延迟发货率等数据就会显现出来。这些数据越完美，产品被推荐的机会就越大。因此，Wish 卖家在把产品做好的同时，也要把服务做好。

4. 店铺活跃度

店铺活跃度越高，被推送的概率就越大。店铺活跃度包括账号登录频率、买家浏览次数、点击率、店铺整体转化率、产品更新情况、评论情况等。

6.7.4　如何提升 Wish 店铺流量

根据 Wish 的推荐规则可知，Wish 流量推荐首先是根据产品的标题、图片、标签、描述等进行匹配的，这些都是卖家可以去完善的要素，而产品转化率、店铺绩效等和产品本身就有很大的关系。因此要提升店铺的流量，卖家要在选好产品的前提下，去做好产品的各项属性信息设置，以及服务好客户。

产品标题：在 Wish 平台上产品标题的搜索权重比较低，因此，卖家只需要将产品标题设置得简洁明了，让买家一眼看出产品是什么即可。

产品图片：由于 Wish 是移动电商平台，图片不宜过大，过大会不利于加载，图片质量在 600×600 像素以上，大小适中，图片的数量可以多一些，以便多角度展示产品。

产品标签：标签在 Wish 平台上的搜索权重比较高，卖家要特别重视标签的设置。一个产品可以设置 10 个标签，卖家应该都填满。标签的设置可以参考平台上优秀的同行卖家，或者按照一级分类、二级分类、产品、风格、颜色、特征、尺寸等去设置，也可以参照 Wish 手机端的建议或者平台流行的标签。

产品描述：产品描述关乎消费者满意度，卖家既要用描述打动消费者，又要避免因产品描述与真实产品不符，而导致买家的差评、退货等，最终影响了店铺的整体绩效而得不到平台的流量推荐。产品描述要与产品相符，也要详细具体。

卖家服务：卖家服务也是 Wish 流量推荐的重要参考要素。卖家在接收订单后，要及时处理订单并发货，同时做好物流跟踪，提高消费者的购买体验。

学会蹭热点：热点可以带来巨大的流量，卖家可以灵活蹭热点从而吸引流量，比如结合热点上线相关的新产品，或者在标题、标签、描述中加入相关热搜词。

利用好站外引流：在众多 Wish 站外引流中最值得推荐的是社交媒体引流，特别是 Facebook。Facebook 账户可以直接登录 Wish，是 Wish 粉丝聚集地，也是 Wish 流量的重要来源。此外还有 YouTube、Twitter 等社交媒体，都是卖家可以为 Wish 店铺引流的有效渠道。

6.8 Lazada

6.8.1 Lazada 平台介绍

Lazada 成立于 2012 年，是东南亚地区最大的跨境电商 B2C 平台。与其他电商平台相比，Lazada 虽然起步晚，但仅用 3 年时间，便发展成为东南亚地区最大的在线购物网站之一。2014 年 4 月份，阿里巴巴以 10 亿美元收购了 Lazada 的控股权。因此，Lazada 有着东南亚“亚马逊”之称。

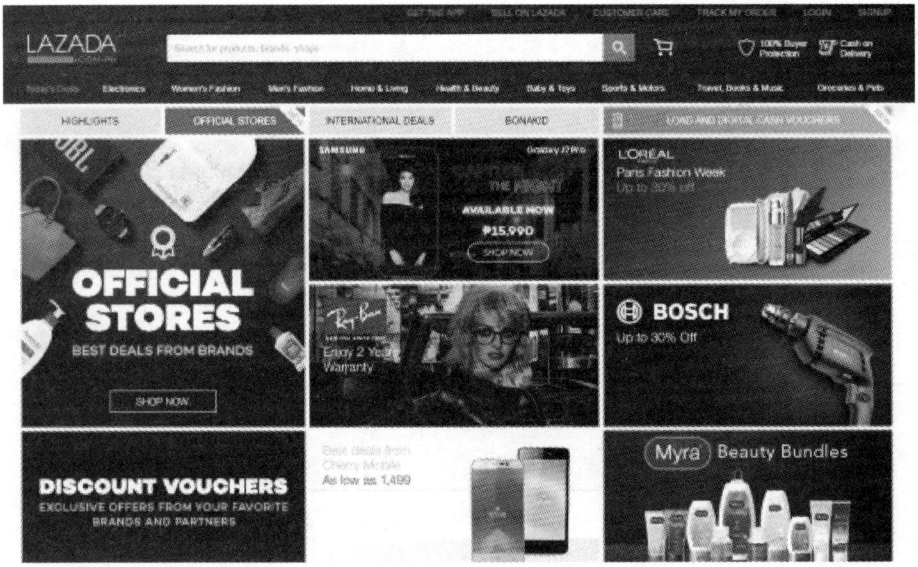

图片来源：Lazada 平台页面

Lazada 平台有 6 个分站，分别为马来西亚站、印度尼西亚站、新加坡站、菲律宾站、泰国站和越南站。2015 年 3 月份开始，Lazada 平台开始向中国内地卖家开放。东南亚地区有 11 个国家，在语言、货币等方面存在较大的差异，多站点布局，有利于为不同地区的消费者提供差异化的服务。

在运营模式上，Lazada 采取自营与开放平台相结合的模式，这一点与国内的京东相似，既有自营产品，也有入驻卖家销售的产品。此外，Lazada 又像是亚马逊与移动电商 Wish 的结合体，因为 Lazada 既发展 PC 端，又积极投入大量的资源发展移动端。

据统计，截至 2017 年 6 月份，在 Lazada 平台上的产品数量多达 6500 万件，其中有 90% 的货源来自中国的华东、华南地区。东南亚电商市场不断崛起，成为亚洲仅次于中国、印度的第三大电商市场，而且还在快速增长中。Lazada 还属于一个新兴的电商平台，卖家活跃数还远不能满足这样的市场规模与发展速度，因此 Lazada 平台上卖家之间的竞争相对较低，这正是我国卖家能够占据 90% 货源份额的优势条件。

6.8.2　Lazada 的大数据谋划

被阿里收购之后，Lazada 计划依靠阿里，利用阿里巴巴的优势为卖家提供大数据和分析服务，让卖家更加了解相关产品数据和消费者的购买习惯，帮助卖家促进销售额的增长。

起步相对较晚的 Lazada，在大数据资源与大数据分析能力方面相对薄弱。因此，借助阿里巴巴的优势，是 Lazada 的明智之举。此外，Lazada 在利用大数据指导卖家运营方面还做了更多的努力，例如，与可视化智能数据分析平台 Qlik 合作，借助其数据分析能力来弥补缺点。

借助阿里巴巴和 Qlik，Lazada 实现了对销量、运营、市场推广等数据的统计分析。例如，准确地了解哪一种促销活动对消费者更有效，从而优化卖家的销售流程。

在大数据时代，大数据资源与运用技术，对企业的生存发展至关重要。Lazada 通过强化数据的收集，将逐步丰富其东南亚电商大数据体系。

6.8.3 Lazada 平台特色

1. 没有外币对公账户也可以申请开店

2015 年 7 月份，Lazada 与 Payoneer 合作，卖家即使没有外币对公账户也可以申请 Lazada 店铺，降低了商家入驻门槛。

2. 不同站点都配置专业的运营管理团队

Lazada 有 6 个不同的站点，并且每个站点都配置专业的运营管理团队，使得 Lazada 的管理能够因地制宜，实现灵活管理。

3. 不随意接受买家退货要求

买家只有在遇到产品与描述不符、错寄、少寄、损坏等情况时，才能够被 Lazada 接受退货、退款；而且，卖家接到的订单都是经过平台严格检测筛选的，卖家可以直接发货，发货时 Lazada 也已经收到买家的付款。这些对卖家而言都是比较完善的保障措施。

4. 不随意对卖家罚款

Lazada 有罚款制度，但更多的是通过减少订单的方式惩罚违规卖家，或者是暂停店铺、让卖家接受平台培训等手段来管理与规范卖家在平台上的行为。

5. 及时免费向卖家付款

Lazada 平台会有系统或专业人员负责跟踪物流实时状态，一旦订单成功签收，Lazada 平台就会于下周的周五，自动、免费地向卖家的 Payoneer 企业账户打款。卖家只需要将自己 Payoneer 账户中的货款提现到自己的私人账户即可，这一过程快捷方便。

6. 8. 4　Lazada 促销策略

Lazada 平台上，促销活动是被众多卖家使用得比较多的营销手段。进入 Lazada 页面，可以看到大部分卖家都参与了促销活动，增加产品在平台上的曝光率，从而提升产品销量。

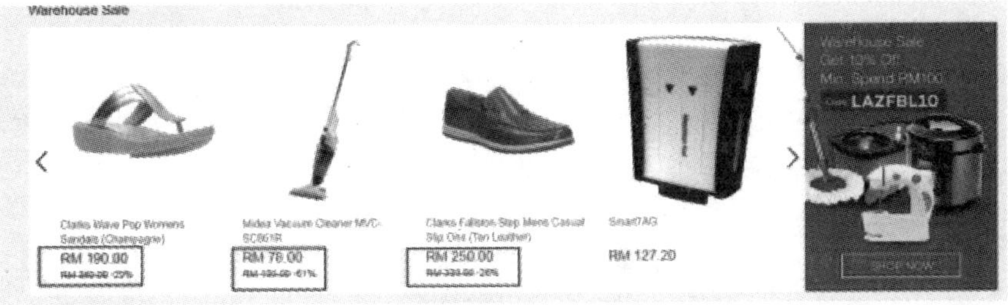

图片来源：Lazada 产品页面

Lazada 促销活动开放前 1—2 周，卖家可以到卖家中心申请。但促销活动并不是想参加就能参加，对卖家有一定的要求：

参加资格：满足原价的最低折扣、满足促销价的最低折扣、类目匹配、库存充足。

提交期限过后：卖家不可以更改价格，也不能添加或删除产品。

审核要求：提交前提高原价或促销价、价格没有竞争力、折扣不够诱人、库存低、内容差的情况都不能通过申请。

1. Lazada 促销工具

（1）捆绑促销

2017 年 6 月份，Lazada 向卖家推出了捆绑促销功能，利用多买多省的规则，让卖家得以捆住消费者的心。除了数量上的捆绑，Lazada 也逐渐推出赠品捆绑、样品捆绑、其他产品捆绑等。

值得注意的是，卖家申请捆绑促销时最好不要把这个功能应用在大件产品上，这样的产品运费消耗大，不划算。另外，注意折扣的设置，因为中文的表达方式和英文的表达方式是不一样的，比如卖家本来想要打 6 折，不要写成 60% Off，因为这是打 4 折的意思。

（2）推广展位

推广展位是 Lazada 推出的一个付费促销工具，能够带来比较高的产品曝光率，比较适合新产品推广。这个展位并不是在 Lazada 的首页，而是在产品页面的右边区域，如下图所示：

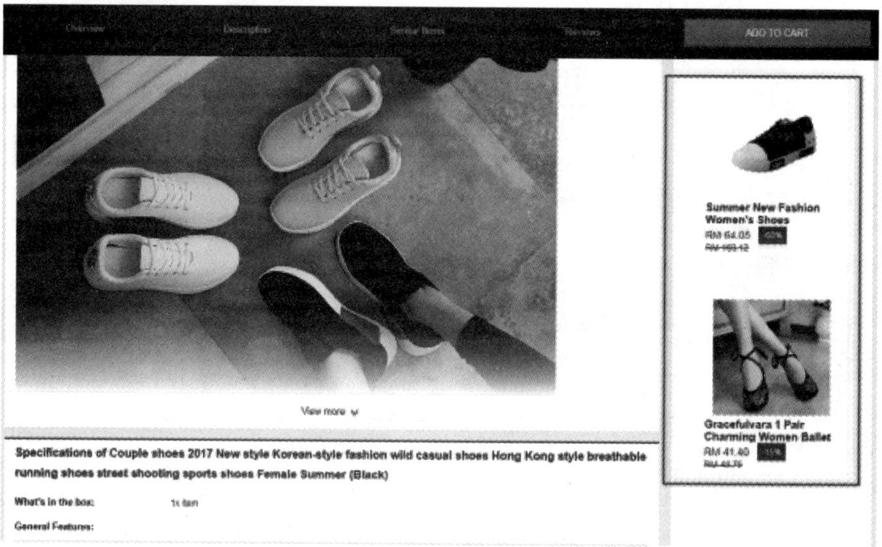

图片来源：Lazada 某产品详情页面

推广展位的产品，仅在被有效点击的情况下，Lazada 才收取卖家的费用，而且是按单次点击成本计算，因为不同的类目有不同的收费标准。

（3）视频直播

视频直播是目前比较流行的营销手段。作为一个起步较晚的新兴电商平台，Lazada 把最新的东西融入平台运营中，2017 年 7 月份开启了视频直播促销，通过视频直播发放一系列折扣产品、优惠券等。

通过视频直播，消费者能够看到真实的产品，也能够了解到专家、网红或其他买家的真实反馈和评价，对产品的认知更为详细和真实。

6.8.5　Lazada 提升店铺销量的技巧

销量是店铺的立足之本，高销量是卖家始终追逐的目标。针对 Lazada 这个平台该怎么运营，从而实现比较好的销量呢？

1. 产品标题短小精悍

Lazada 平台不仅发展 PC 端，同时也发展移动端，这样的屏幕环境，产品标题不宜过长，但一定要在标题中使用最精准、最重要的关键词。其实通过观察 Lazada 产品展示的页面可以发现，Lazada 给每个产品分配的标题空间，只能容下由 7—10 个单词组成的短标题，如果标题过长导致显示不全，反而影响了美观度和浏览体验。

2. 给产品精准分类

产品的分类对搜索优化非常重要，分类越准确，越有利于消费者快速查找到该产品，同时也能够获得更精准的消费者，提高转化率。

3. 使用有吸引力的产品主图

产品主图是消费者看到产品的第一印象，清晰、完整、有吸引力的产品主图能够吸引消费者的眼球，是他们点击产品了解详情的关键驱动力。

4. 适当提高页面库存数量

平台页面上的库存数量会直接影响店铺的曝光率和流量。充足的库存量，代表卖家能够满足消费者的需求，特别是热销品的库存量应该设置得高一些。卖家要及时平衡页面上库存数与实际库存的关系，保证产品在出现消费需求的情况下不会断货。

5. 确定一个有竞争力的价格

对东南亚国家的消费者来说，价格还是比较重要的考虑因素。同类产品中，Lazada 会将更具有价格优势的产品显示在前面。卖家也可以使用 Lazada 的“最低价”功能，在原价的基础上打折，以吸引消费者。

6. 尽可能让消费者放心

消费者能够放心地购买商品，一定是基于对产品的充分了解和信任，卖家必须在产品描述和产品图片上下功夫。产品描述尽可能做到清晰、详细、全面，并突出产品亮点和特性；产品图片尽可能多角度地展示产品细节，图片简洁清晰，无复杂背景（最好是白色或者纯色背景）。

7. 提高卖家评级

卖家评级对新消费者的购买决策产生非常重要的影响。卖家可以通过定期分析店铺运营数据报告，了解影响卖家评级的因素，有针对性地优化店铺和服务，不断提高卖家评级，对新消费者的购买决策起积极引导作用，从而提高流量转化率，提高产品销量。

大数据视角下
的跨境电商展望

- 大数据视角下的跨境电商
- 大数据与人工智能的强势融合

7.1 大数据视角下的跨境电商

大数据不单纯是被吹捧起来的一个火热概念，如今越来越多地被各行各业所应用，并且已经得到了很大的发展。不仅仅是科技巨头如谷歌、微软等，还有跨境电商平台如亚马逊、阿里巴巴、极赛等都在积极布局大数据，许多国家也在加速大数据的发展规划，大数据正在以一种惊人的速度渗透到各领域。

跨境电商发展到了今天，不仅仅是利用互联网的问题了，更是逐渐凭借大数据去布局市场、精准化营销。通过利用大数据，跨境电商企业对贸易过程，即生产、销售、消费等整个供应链的把控度更高、更全面。

倾听客户真实心声：客户的需求越来越趋向个性化、独特性，因此，跨境电商企业对市场和消费动态的掌握，变得越来越重要。市场开拓能力、客户行为研究分析能力，成了企业竞争力的重要组成部分，而这些能力的获取都离不开对大数据的有效运用。利用大数据分析市场动态、客户消费行为特征，更好地倾听客户真实需求与心声，是跨境电商企业抓住客户的法宝。

智慧生产：跨境电商企业可以通过获取库存数量、生产量、销售量、市场预期需求量、物流速度等数据，根据各环节综合分析的反馈，全面把控供应链整个流程，合理安排生产的各项流程，实现智慧生产。

理智决策：科学的决策都是从事实和数据开始。一切从数据出发，掌握不同市场、不同层次客户的需求，在充分掌握信息的前提下做出理智决策。

精准营销：有了大数据这个工具，根据清晰的市场动态、客户行为特征、产品需求变化、销售渠道和地域分布等去安排营销活动，精准营销将得以实现。

大数据的运用，有效缩短了跨境电商企业响应市场和解决问题的时间，根据市场和客户实际情况快速做出决策并提高客户体验度。跨境电商企业所能掌握的信息是有限的，企业内部的信息量很难跟上迅速变化的市场。因此，企业要构建内部科学的数据收集分析体系，并合理对接外部信息量更大的大数据资源，尽可能全面掌握各项市场信息，提高从认知、决策到执行的精准性。

大数据可以告诉我们很多经验里没有的东西，大数据视角下的跨境电商，能够敏锐地洞察商机，挖掘蓝海市场，精准营销。

7.2 大数据与人工智能的强势融合

除了大数据之外，人工智能也是这个时代的“新宠”，并将是国际竞争的焦点，各国都在积极规划着人工智能的发展战略，力图在新一轮的国际科技竞争中掌握主导权。党的十九大报告也提出了将人工智能与实体经济深度融合的愿景。

在我们看来，人工智能与大数据的深度融合，将是未来国家层面中的强大竞争力，也是企业的强大竞争力。人工智能延伸了人的意识、思维、智慧，而与大数据融合，将激发人单纯依靠智慧也不能洞察大数据背后秘密的能力。

想象一下，在跨境领域将人工智能与大数据融合，未来的跨境电商企业只要利用融合了大数据的人工智能机器人，就能够成为真正的“甩手掌柜”，一切的产品上架、发布、询盘处理、发货、售后服务等都将交给人工智能机器人解决。更重要的是，人工智能机器人与大数据相结合之后，凭着人工智能机器人强大的智慧与运算能力，对大数据进行高效的整合分析，精准挖掘数据背后的价值信息，将直接赋予人工智能机器人更强大的洞察力与决策力，并据此对跨境贸易过程中所涉及的运营策略、营销推广策略、市场策略等进行快速调整优化，实现贸易全流程智能化。

未来，通过人工智能与大数据的完美融合，跨境贸易将呈现出高效、智能、便捷、低成本、高精准、高满意度的美好景象。

新时代，新方式，新视角，新思维，新作为，在大数据视角下做跨境电商，你注定是未来的赢家。

参考文献

[1] 陈祎民. 跨境电商运营实战：思路·方法·策略. 中国铁道出版社. 2016.

[2] 井然哲. 跨境电商运营与案例. 电子工业出版社. 2016.

[3] 朱秋城. 跨境电商3.0时代. 中国海关出版社. 2016.

[4] 陈建英. 互联网+大数据. 人民邮电出版社. 2015.

[5] Gartner. 【报告】全球家庭互联网最新数据、发展趋势、企业布局分析. 2017.

[6] 爱立信. 爱立信移动市场报告. 2017.

[7] PayPal，Ipsos. 第三届全球跨境贸易报告. 2016.

[8] 托比研究. 中国跨境 B2B 行业发展报告 2017. 2017.

[9] 敦煌网. 2017 中国跨境电子商务（出口 B2B）发展报告. 2017.

[10] 埃森哲，阿里研究院. 全球跨境 B2C 电商趋势报告. 2015.

[11] 艾媒咨询. 2016—2017 中国跨境电商市场研究报告. 2017.

[12] 玛丽·米克尔. 2017 年互联网趋势报告. 2017.

[13] Hootsuite，We Are Social. 2017 全球数据报告. 2017.

[14] We Are Social. 2016 全球数据报告. 2016.

[15] eMarketer. 2016 年全球社交网络平台：各国社交网络使用情况. 2016.

[16] 中国国际电子商务网.

[17] 雨果网.

[18] 亿邦动力网.